LES NOUVEAUX TRAITÉS DE COMMERCE

GUIDE PRATIQUE DU FABRICANT ET DU COMMERÇANT

CONTENANT

LE TEXTE DES TRAITÉS CONCLUS AVEC

L'ANGLETERRE ET LA BELGIQUE

LE TARIF DES DROITS DE DOUANE
APPLICABLES EN FRANCE AUX MARCHANDISES D'ORIGINE
BRITANNIQUE ET BELGE,
LE TARIF DES DOUANES EN ANGLETERRE ET EN BELGIQUE POUR
LES MARCHANDISES FRANÇAISES,

ET UN

TABLEAU COMPARATIF DES MONNAIES, POIDS ET MESURES
DE FRANCE ET D'ANGLETERRE

PARIS
E. DENTU, LIBRAIRE-ÉDITEUR
PALAIS-ROYAL, 13 ET 17, GALERIE D'ORLÉANS

LES

TRAITÉS DE COMMERCE

PARIS

IMPRIMERIE DE L. TINTERLIN ET Ce

Rue Neuve-des-Bons-Enfants, 3.

LES NOUVEAUX TRAITÉS DE COMMERCE

GUIDE PRATIQUE DU FABRICANT ET DU COMMERÇANT

CONTENANT

LE TEXTE DES TRAITÉS CONCLUS AVEC

L'ANGLETERRE ET LA BELGIQUE

LE TARIF DES DROITS DE DOUANE
APPLICABLES EN FRANCE AUX MARCHANDISES D'ORIGINE BRITANNIQUE
ET BELGE,
LE TARIF DES DOUANES EN ANGLETERRE ET EN BELGIQUE
POUR LES MARCHANDISES FRANÇAISES,

ET UN

TABLEAU COMPARATIF DES MONNAIES, POIDS ET MESURES
DE FRANCE ET D'ANGLETERRE

PARIS
E. DENTU, LIBRAIRE-ÉDITEUR
PALAIS-ROYAL, 13 ET 17, GALERIE D'ORLÉANS

1861

LES

TRAITÉS DE COMMERCE

DÉCRET

Qui prescrit la promulgation du Traité de commerce conclu, le 23 janvier 1860, entre la France et le royaume uni de la Grande-Bretagne et d'Irlande.

(Inséré au Bulletin des Lois du 13 mars 1860, n° 778.)

NAPOLÉON, par la grâce de Dieu et la volonté nationale, EMPEREUR DES FRANÇAIS,

A tous présents et à venir, SALUT.

Sur le rapport de notre ministre secrétaire d'État au département des affaires étrangères,

AVONS DÉCRÉTÉ ET DÉCRÉTONS ce qui suit :

ARTICLE PREMIER.

Un Traité de commerce ayant été signé à Paris le 23 janvier 1860, entre la France et le royaume uni de la Grande-Bretagne et d'Irlande, et les ratifications de cet acte ayant été échangées le 4 février 1860, ledit Traité, dont la teneur suit, sera publié partout où besoin sera et inséré au Bulletin des Lois.

TRAITÉ.

Sa Majesté l'Empereur des Français et Sa Majesté la Reine du royaume uni de la Grande-Bretagne et d'Irlande, également animés du désir de resserrer les liens d'amitié qui unissent les deux peuples, et voulant améliorer et étendre les relations commerciales entre leurs États respectifs, ont résolu de conclure un Traité à cet effet, et ont nommé pour leurs Plénipotentiaires, savoir:

Sa Majesté l'Empereur des Français, M. Baroche, Grand-Croix de son Ordre Impérial de la Légion d'honneur, etc., etc., etc., membre de son Conseil privé, président de son Conseil d'État, chargé par intérim du ministère des affaires étrangères;

Et M. Rouher, Grand-Officier de son Ordre Impérial de la Légion d'honneur, etc., etc., etc., sénateur, son ministre et secrétaire d'État au département de l'agriculture, du commerce et des travaux publics;

Et Sa Majesté la Reine du Royaume-Uni de la Grande-Bretagne et d'Irlande, le très-honorable Henry-Richard-Charles comte Cowley, vicomte Dangan, baron Cowley, pair du Royaume-Uni, membre du Conseil privé de Sa Majesté Britannique, Chevalier Grand-Croix du très-honorable Ordre du Bain, ambassadeur extraordinaire et plénipotentiaire de Sadite Majesté près Sa Majesté l'Empereur des Français;

Et M. Richard Cobden, écuyer, membre du Parlement britannique;

Lesquels, après s'être communiqué leurs pleins pouvoirs respectifs, trouvés en bonne et due forme, sont convenus des articles suivants:

Art. 1er. Sa Majesté l'Empereur des Français s'engage à admettre les objets ci-après dénommés, d'origine et de manufacture britanniques, importés du royaume uni en

France, moyennant un droit qui ne devra, en aucun cas, dépasser trente pour cent de la valeur, les deux décimes additionnels compris.

Ces objets et marchandises sont les suivants :

Sucre raffiné;

Curcuma en poudre ;

Cristal de roche ouvré;

Fer forgé en massiaux ou prismes ;

Fils de laiton (cuivre allié de zinc), polis ou non polis, de toute sorte;

Produits chimiques dénommés ou non dénommés ;

Extraits de bois de teinture ;

Garancine ;

Savons ordinaires de toute sorte et savons de parfumerie ;

Poterie de grès fin ou commun et de terre de pipe ;

Porcelaines ;

Verres, cristaux, glaces ;

Fils de coton ;

Fils de laine de toute sorte ;

Fils de lin et de chanvre ;

Fils de poils spécialement dénommés ou non ;

Tissus de coton ;

Tissus de crin spécialement dénommés ou non :

Tissus de laine dénommés ou non ;

Lisières en drap ;

Tissus de poils ;

Tissus de soie ;

Tissus de bourre de soie ; fleuret ;

Tissus d'écorces d'arbres et tous autres végétaux filamenteux, dénommés ou non ;

Tissus de lin et de chanvre ;

Tissus mélangés de toute sorte ;

Bonneterie ;

Passementerie ;

Mercerie ;

Tissus de caoutchouc et de gutta-percha purs ou mélangés ;

Habillements ou vêtements confectionnés ;

Peaux préparées ;

Ouvrages en peaux ou en cuir, compris ou non sous la dénomination de mercerie commune ou fine ;

Plaqués de toute sorte ;

Coutellerie ;

Ouvrages en métaux dénommés ou non ;

Fonte de toute espèce, sans distinction de poids ;

Fers, sauf l'exception prévue par l'article 17 ci-après;

Aciers ;

Machines, outils et mécaniques de toute sorte ;

Voitures suspendues, garnies ou peintes ;

Tabletterie et ouvrages en ivoire ou en bois ;

Eaux-de-vie, même autres que de vin, de cerise, de mélasse ou de riz ;

Bâtiments de mer et embarcations.

A l'égard du sucre raffiné et des produits chimiques dérivés du sel, on ajoutera aux droits ci-dessus fixés le montant des impôts qui grèvent ces produits à l'intérieur.

2. Sa Majesté l'Empereur s'engage à réduire les droits d'importation en France sur la houille et le coke britanniques au chiffre de quinze centimes les cent kilogrammes, plus les deux décimes.

Sa Majesté l'Empereur s'engage également, dans le délai de quatre ans, à partir de la ratification du présent Traité, à établir à l'importation des houilles et du coke, par les frontières de terre et de mer, un droit uniforme qui ne pourra être supérieur à celui qui est fixé par le paragraphe précédent.

3. Il est convenu que les droits fixés par les articles précédents sont indépendants des droits différentiels établis en faveur des bâtiments français.

4. Les droits *ad valorem* stipulés par le présent traité seront calculés sur la valeur au lieu d'origine ou de fabrication de l'objet importé, augmentée des frais de transport, d'assurance et de commission nécessaires pour l'importation en France jusques au port de débarquement.

Pour la perception de ces droits, l'importateur fera, au bureau de la douane, une déclaration écrite, constatant la valeur et la qualité des marchandises importées. Si l'administration de la douane juge insuffisante la valeur déclarée, elle aura le droit de retenir les marchandises, en payant à l'importateur le prix déclaré par lui augmenté de cinq pour cent.

Ce paiement devra être effectué dans les quinze jours qui suivront la déclaration, avec restitution des droits, s'il en avait été perçu.

5. Sa Majesté Britannique s'engage à recourir à son parlement pour être mise à même d'abolir les droits d'importation sur les articles suivants :

Acide sulfurique et autres acides minéraux ;
Agates et cornalines montées ;
Allumettes chimiques de toute sorte ;
Amorces ou capsules de poudre fulminante ;
Armes de toute sorte ;
Bijouterie ;
Bimbeloterie ;
Bouchons ;
Brocarts d'or et d'argent ;
Broderies ou ouvrages à l'aiguille de toute espèce ;
Ouvrages en bronze ou métal bronzé ou verni ;
Cannes pour ombrelles, parapluies ou autres, montées, peintes ou autrement ornées ;
Chapeaux, de quelque matière qu'ils soient composés ;
Gants, bas, chaussettes et autres articles confectionnés, en tout ou en partie, de coton ou de fil de lin ;
Cuir ouvré ;
Dentelles de coton, laine, soie ou lin ;
Fers et aciers ouvrés ;
Machines et mécaniques ;
Outils et instruments ;
Coutellerie et autres articles en acier, fer ou fonte moulée ;
Articles d'ornement ou de fantaisie en acier ou en fer ;

Ouvrages chargés de cuivre par un procédé galvanique ;

Modes et fleurs artificielles ;

Fruits frais ;

Ganterie et autres articles d'habillement en peau ;

Caoutchouc et gutta-percha ouvrés ;

Huiles ;

Instruments de musique ;

Châles de laine imprimés ou unis ;

Couvertures, gants et autres tissus en laine non dénommés ;

Mouchoirs et autres tissus non dénommés en lin et en chanvre ;

Parfumerie, tabletterie, pendules, montres, lorgnettes ;

Plomb ouvré dénommé ou non dénommé ;

Plumes apprêtées ou non ;

Tissus de poil de chèvre ou autres ;

Porcelaine ;

Poterie ;

Raisins frais ;

Sulfate de quinine ;

Sels de morphine ;

Tissus de soie pure ou mélangée, de quelque nature qu'ils soient.

Articles non dénommés au tarif, actuellement grevés d'un droit de 10 0/0 *ad valorem*, sauf toutefois les mesures de précaution que pourrait exiger la protection du revenu public contre l'introduction de matières assujéties à des droits de douane ou d'accise et qui entreraient dans la composition des articles admis en franchise en vertu du présent paragraphe.

6. Sa Majesté Britannique s'engage aussi à proposer au parlement de réduire immédiatement les droits à l'importation des vins français à un taux qui ne dépassera pas trois shillings par gallon jusqu'au 1er avril 1861. A partir de cette dernière époque, les droits d'importation seront réglés de la manière suivante :

1° Sur les vins qui contiennent moins de quinze degrés d'esprit, type d'Angleterre, vérifiés par l'hydromètre de Sykes, le droit ne dépassera pas un shilling par gallon ;

2° Sur les vins qui contiennent de quinze à vingt-six degrés, le droit ne dépassera pas un shilling six pence par gallon ;

3° Sur les vins qui contiennent de vingt-six à quarante degrés, le droit ne dépassera pas deux shillings par gallon;

4° Sur les vins en bouteilles, le droit ne dépassera pas deux shillings par gallon ;

5° L'importation des vins ne devra avoir lieu que par les ports qui seront désignés à cet effet avant la mise à exécution du présent Traité, Sa Majesté Britannique se réservant de substituer d'autres ports à ceux qui auront été primitivement désignés, ou d'en augmenter le nombre.

Le droit d'importation par les ports non désignés sera de deux shillings par gallon ;

6° Sa Majesté Britannique se réserve le droit, nonobstant les dispositions du présent article, de fixer le *maximum* d'esprit type qui pourra être contenu dans la liqueur déclarée comme vin, sans toutefois que ce *maximum* puisse être inférieur à trente-sept degrés.

7. Sa Majesté Britannique promet de recommander au Parlement l'admission, dans le royaume uni, des marchandises provenant de France à des droits identiques à ceux d'accise qui grèvent ou grèveraient les marchandises similaires dans le royaume uni. Toutefois, les droits à l'importation pourront être augmentés des sommes qui représenteraient les frais occasionnés aux producteurs britanniques par le système de l'accise.

8. En conséquence de l'article précédent, Sa Majesté Britannique s'engage à recommander au parlement l'admission, dans le royaume uni, des eaux-de-vie et esprits provenant de France, à des droits exactement identiques à ceux qui grèvent dans le royaume uni les esprits de fabrication nationale, sauf une surtaxe de deux pence par gallon, ce qui fait pour le droit à percevoir actuellement sur les eaux-de-vie et esprits provenant de France huit

shillings deux pence le gallon. Sa Majesté Britannique s'engage aussi à recommander au parlement l'admission des rhums et tafias provenant des colonies britanniques.

Sa Majesté Britannique s'engage à recommander au parlement l'admission des papiers de tenture provenant de France à des droits identiques à ceux d'accise, c'est-à-dire à quatorze shillings le quintal, et les cartons de même provenance à un droit qui ne pourra excéder quinze shillings le quintal.

Sa Majesté Britannique s'engage à recommander au parlement l'admission de l'orfévrerie provenant de France à des droits identiques à ceux de marque ou d'accise qui grèvent l'orfévrerie britannique.

9. Il est entendu entre les Hautes Puissances contractantes que, si l'une d'elles juge nécessaire d'établir un droit d'accise ou impôt sur un article de production ou de fabrication nationale qui serait compris dans les énumérations qui précèdent, l'article similaire étranger pourra être immédiatement grevé, à l'importation, d'un droit égal.

Il est également entendu entre les Hautes Puissances contractantes que, dans les cas où le Gouvernement britannique jugera nécessaire d'élever les droits d'accise qui grèvent les esprits de fabrication nationale, les droits d'importation sur les vins pourront être modifiés de la manière suivante :

Chaque augmentation d'un shilling par gallon d'esprit sur le droit d'accise pourra donner lieu, sur les vins payant un shilling et demi, à une augmentation de droit qui ne pourra excéder un penny et demi ; et sur les vins payant deux shillings, à une augmentation qui ne pourra excéder deux pence et un demi-penny.

10. Les deux Hautes Parties contractantes se réservent la faculté d'imposer, sur tout article mentionné dans le présent Traité ou sur tout autre article, des droits de débarquement ou d'embarquement affectés à la dépense des établissements nécessaires au port d'importation et d'exportation.

Mais, en tout ce qui concerne le traitement local, les droits et les frais dans les ports, les bassins, les docks, les rades, les havres et les rivières des deux pays, les privilèges, faveurs ou avantages qui sont ou seront accordés aux bâtiments nationaux sans exception ou à la marchandise qu'ils exportent ou importent, le seront également aux bâtiments de l'autre pays et aux marchandises qu'ils importent ou exportent.

11. Les deux Hautes Puissances contractantes prennent l'engagement de ne pas interdire l'exportation de la houille et de n'établir aucun droit sur cette exportation.

12. Les sujets d'une des Hautes Puissances contractantes jouiront, dans les Etats de l'autre, de la même protection que les nationaux pour tout ce qui concerne la propriété des marques de commerce et des dessins de fabrique de toute espèce.

13. Les droits *ad valorem* établis dans la limite fixée par les articles précédents, seront convertis en droits spécifiques par une convention complémentaire qui devra intervenir avant le 1er juillet 1860. On prendra pour base de cette conversion les prix moyens pendant les six mois qui ont précédé la date du présent Traité.

Toutefois, la perception des droits sera faite conformément aux bases ci-dessus établies : 1° dans le cas où cette convention complémentaire ne serait pas intervenue avant l'expiration des délais fixés pour l'exécution par la France du présent Traité; 2° pour les articles dont les droits spécifiques n'auraient pu être réglés d'un commun accord.

14. Le présent Traité sera exécutoire pour le royaume uni de la Grande-Bretagne et d'Irlande aussitôt que la sanction législative nécessaire aura été donnée par le parlement, sous la réserve faite, en ce qui concerne les vins, par l'article 6.

Sa Majesté Britannique se réserve, en outre, la faculté de conserver, pour des motifs spéciaux et par exception, pendant un temps qui ne pourra excéder deux années, à partir du 1er avril 1860, la moitié des droits qui grèvent actuellement les articles dont l'admission en franchise est stipulée par le présent Traité. Cette réserve n'est pas applicable aux soieries.

15. Les engagements contractés par Sa Majesté l'Empereur des Français seront exécutoires et les tarifs précédemment indiqués à l'importation des marchandises d'origine et de manufacture britanniques seront applicables dans les délais suivants :

1° Pour la houille et le coke, à partir du 1er juillet 1860 ;

2° Pour les fers, les fontes, les aciers, qui n'étaient pas frappés de prohibition, à partir du 1er octobre 1860;

3° Pour les ouvrages en métaux, machines, outils et mécaniques de toute espèce, dans un délai qui ne dépassera pas le 31 décembre 1860 ;

4° Pour les fils et tissus de lin et de chanvre, à partir du 1er juillet 1861 ;

5° Pour tous les autres articles, à partir du 1er octobre 1861.

16. Sa Majesté l'Empereur des Français s'engage à ce que les droits *ad valorem* établis à l'importation en France des marchandises d'origine et de manufacture britanniques, aient pour *maximum* la limite de 25 0/0, à partir du 1er octobre 1864.

17. Il demeure entendu entre les Hautes Puissances contractantes, comme élément de la conversion des droits *ad valorem* en droits spécifiques, que pour les fers actuellement grevés à l'importation en France d'un droit de dix francs, non compris le double décime additionnel, le droit sera de sept francs par cent kilogrammes jusqu'au 1er octobre 1864, et de six francs à partir de cette époque, les deux décimes additionnels compris dans les deux cas.

18. Les dispositions du présent Traité de commerce sont applicables à l'Algérie, tant pour l'exportation de ses produits que pour l'importation des marchandises britanniques.

19. Chacune des deux Hautes Puissances contractantes s'engage à faire profiter l'autre Puissance de toute faveur, de tout privilége ou abaissement dans les tarifs des droits à l'importation des articles mentionnés dans le présent Traité, que l'une d'elles pourrait accorder à une tierce Puisssance. Elles s'engagent, en outre, à ne prononcer l'une envers l'autre aucune prohibition d'importation ou d'exportation qui ne soit en même temps applicable aux autres nations.

20. Le présent Traité ne sera valable qu'autant que Sa Majesté Britannique aura été autorisée par l'assentiment de son parlement à exécuter les engagements contractés par elle dans les articles qui précèdent.

21. Le présent Traité restera en vigueur pendant dix années, à partir du jour de l'échange de ses ratifications ; et, dans le cas où aucune des deux Hautes Puissances contractantes n'aurait notifié, douze mois avant l'expiration de ladite période de dix années, son intention d'en faire cesser les effets, le Traité continuera à rester en vigueur encore une année, et ainsi de suite, d'année en année, jusqu'à l'expiration d'une année à partir du jour où l'une ou l'autre des Hautes Puissances contractantes l'aura dénoncé.

Les Hautes Puissances contractantes se réservent la faculté d'introduire, d'un commun accord, dans ce Traité toutes modifications qui ne seraient pas en opposition avec son esprit ou ses principes, et dont l'utilité serait démontrée par l'expérience.

22. Le présent Traité sera ratifié et les ratifications en seront échangées à Paris dans le délai de quinze jours, ou plus tôt si faire se peut.

En foi de quoi les Plénipotentiaires respectifs l'ont signé et y ont apposé le cachet de leurs armes.

Fait en double expédition à Paris, le vingt-troisième jour de janvier de l'an de grâce mil huit cent soixante.

(L. S.) *Signé* J. BAROCHE. (L. S.) *Signé* COWLEY.
(L. S.) *Signé* E. ROUHER. (L. S.) *Signé* RICH. COBDEN.

ART. II.

Notre ministre secrétaire d'Etat au département des affaires étrangères est chargé de l'exécution du présent décret.

Fait à Paris, le 10 mars 1860.

NAPOLÉON.

Vu et scellé du sceau de l'État :
Le Garde des sceaux, Ministre de la justice,

Signé DELANGLE.

Par l'Empereur :
Le Ministre des affaires étrangères

Signé THOUVENEL.

DÉCRET

Qui prescrit la promulgation de l'article additionnel au Traité de commerce conclu entre la France et la Grande-Bretagne.

NAPOLÉON,

Par la grâce de Dieu et la volonté nationale, EMPEREUR DES FRANÇAIS,

A tous présents et à venir, SALUT.

Sur le rapport de notre ministre secrétaire d'État au département des affaires étrangères,

AVONS DÉCRÉTÉ et DÉCRÉTONS ce qui suit :

ARTICLE PREMIER.

Un article additionnel au Traité de commerce conclu le 23 janvier 1860, entre la France et le royaume uni de la Grande-Bretagne et d'Irlande, ayant été signé à Paris, le 25 février 1860, et les ratifications de cet acte ayant été échangées le 28 du même mois, ledit article additionnel dont la teneur suit sera publié partout où besoin sera et inséré au *Bulletin des lois.*

ARTICLE ADDITIONNEL.

Par l'article 8 du Traité de commerce entre Sa Majesté l'Empereur des Français et Sa Majesté la Reine du royaume uni de la Grande-Bretagne et d'Irlande, signé à Paris, le 23 janvier dernier, Sa Majesté Britannique s'est engagée à recommander au parlement l'admission dans le royaume uni des eaux-de-vie et esprits importés de France à un droit exactement égal au droit d'accise perçu sur les esprits de fabrication indigène, avec l'addition d'une surtaxe de deux pence par gallon, ce qui mettrait le droit actuel à payer, pour les eaux-de-vie et esprits de France, à 8 shillings 2 pence par gallon.

Depuis la ratification du Traité, le Gouvernement de Sa Majesté Britannique s'est assuré que la surtaxe de 2 pence par gallon n'est pas suffisante pour contre-balancer les charges que les lois de douane et d'accise font actuellement peser sur les esprits de fabrication anglaise, et qu'une surtaxe limitée au taux de 2 pence par gallon laisserait encore subsister sur les esprits de fabrication anglaise un droit différentiel en faveur des eaux-de-vie et esprits étrangers.

En conséquence, le Gouvernement de Sa Majesté Britannique ayant fait connaître ces circonstances au Gouvernement de Sa Majesté l'Empereur des Français, et Sa Majesté Impériale ayant consenti à ce que le montant de ladite surtaxe fût augmenté, les deux Hautes Parties contractantes audit Traité de commerce sont convenues par le présent article additionnel que le montant de cette surtaxe serait de 5 pence par gallon, et Sa Majesté Britannique s'engage à recommander au Parlement l'admission dans le royaume uni des eaux-de-vie et esprits importés de France à un droit exactement égal au droit d'accise perçu sur les esprits de fabrication indigène, avec addition d'une surtaxe de 5 pence par gallon.

Le présent article additionnel aura la même force et valeur que s'il avait été inséré dans le Traité de commerce du 23 janvier dernier. Il sera ratifié, et les ratifications en seront échangées à Paris dans le délai de cinq jours à partir de la date de sa signature.

En foi de quoi les plénipotentiaires respectifs ont signé le présent et y ont apposé le sceau de leurs armes.

Fait à Paris, le vingt-cinquième jour du mois de février de l'an de grâce mil huit cent soixante.

(L. S.) *Signé* Cowley. (L. S.) *Signé* J. Baroche.
(L. S.) *Signé* E. Rouher.

Art. II.

Notre ministre et secrétaire d'État au département des affaires étrangères est chargé de l'exécution du présent décret.

Fait à Paris, le 10 mars 1860.

NAPOLÉON.

Vu et scellé du sceau de l'État:
Le Garde des Sceaux, Ministre de la justice,
Signé DELANGLE.

Par l'Empereur :
Le Ministre des affaires étrangères,
Signé THOUVENEL.

DÉCRET

Qui prescrit la promulgation de la convention complémentaire de commerce conclue, le 12 octobre 1860, entre la France et la Grande-Bretagne.

(Inséré au Bulletin des Lois du 27 octobre 1860, n° 863.)

NAPOLÉON, par la grâce de Dieu et la volonté nationale, EMPEREUR DES FRANÇAIS, à tous présents et à venir, SALUT.

Sur le rapport de notre ministre secrétaire d'État au département des affaires étrangères :

AVONS DÉCRÉTÉ et DÉCRÉTONS ce qui suit :

ARTICLE PREMIER.

Une convention, suivie d'un tarif, ayant été conclue le 12 octobre 1860, entre la France et le royaume uni de la Grande-Bretagne et d'Irlande, pour assurer l'exécution du Traité de commerce du 23 janvier 1860, dont elle est l'un des compléments, et les ratifications de cet acte ayant été échangées à Paris le 25 octobre 1860, ladite convention, dont la teneur suit, recevra sa pleine et entière exécution.

CONVENTION.

S. M. l'Empereur des Français et S. M. la Reine du royaume uni de la Grande-Bretagne et d'Irlande, désirant assurer l'exécution du Traité de commerce conclu entre Elles le 23 janvier 1860, dans les limites et de la manière prévues par le deuxième article additionnel à ce même traité, ont résolu de négocier un premier arrangement complémentaire pour déterminer les droits spécifiques ou à la valeur qui devront grever, à leur importation en France, les marchandises d'origine ou de manufacture britannique énumérées dans ledit Traité, et ont, à cet effet, nommé pour leurs plénipotentiaires, savoir :

S. M. l'Empereur des Français :

M. Thouvenel, sénateur de l'Empire, Grand-Croix de Son Ordre Impérial de la Légion d'honneur, etc., etc., Son Ministre secrétaire d'Etat au département des affaires étrangères, et M. Rouher, sénateur de l'Empire, Grand-Croix de Son Ordre Impérial de la Légion d'honneur, etc., etc., etc., Son Ministre secrétaire d'Etat au département de l'agriculture, du commerce et des travaux publics;

Et S. M. la Reine du Royaume-Uni de la Grande-Bretagne et d'Irlande :

Le très-honorable Henry-Richard-Charles, comte Cowley, vicomte Dangan, baron Cowley, pair du Royaume-Uni, membre du très-honorable Conseil privé de Sa Majesté Britannique, Chevalier Grand-Croix du très-honorable Ordre du Bain, ambassadeur extraordinaire et plénipotentiaire de Sadite Majesté près Sa Majesté l'Empereur des Français, et M. Richard Cobden, écuyer, membre du Parlement britannique;

Lesquels, après s'être communiqué leurs pleins pouvoirs respectifs, trouvés en bonne et due forme, sont convenus des articles suivants :

Art. 1er. Les objets d'origine ou de manufacture britannique énumérés dans le tarif joint à la présente Convention, et importés directement du Royaume-Uni sous pavillon français ou britannique, seront admis en France aux droits fixés par ledit tarif.

2. Pour établir que les produits sont d'origine ou de manufacture britannique, l'importateur devra présenter à la douane française, soit une déclaration officielle faite

devant un magistrat britannique siégeant au lieu d'expédition, soit un certificat délivré par le chef du service des douanes du port d'embarquement, soit un certificat délivré par les consuls ou agents consulaires de France dans les lieux d'expédition ou dans les ports d'embarquement. Les consuls ou agents consulaires de France susdésignés légaliseront les signatures des autorités britanniques.

3. L'importateur de machines et mécaniques entières ou en pièces détachées d'origine ou de manufacture britannique, sera dispensé de l'obligation de produire à la douane française tout modèle ou dessin de l'objet importé.

4. L'importateur d'une marchandise d'origine ou de manufacture britannique taxée à la valeur devra joindre à la déclaration constatant la valeur de cette marchandise et au certificat d'origine, une facture indiquant le prix réel et émanant du fabricant ou du vendeur, qui sera visée par un consul ou un agent consulaire de France dans le Royaume-Uni.

5. Si les articles taxés à la valeur ont été préalablement mis en entrepôt, les droits seront perçus d'après la valeur de ces articles au moment de leur admission effective en France.

6. L'importateur contre lequel la douane française voudra exercer le droit de préemption stipulé par le traité du 23 janvier 1860, pourra, s'il le préfère, demander l'estimation de sa marchandise par des experts.

La même faculté appartiendra à la douane française, lorsqu'elle ne jugera pas convenable de recourir immédiatement à la préemption.

7. Si l'expertise constate que la marchandise n'a pas une valeur de cinq pour cent supérieure à celle déclarée par l'importateur, le droit sera perçu sur le montant de la déclaration.

Si la valeur constatée est de cinq pour cent supérieure à celle déclarée, la douane française pourra, à son choix, exercer la préemption ou percevoir le droit sur la valeur déterminée par les experts.

Ce droit sera augmenté de cinquante pour cent à titre

d'amende, si l'évaluation des experts est de dix pour cent supérieure à la valeur déclarée.

Si la valeur déterminée par la décision arbitrale excède la valeur déclarée de cinq pour cent, les frais de l'expertise seront supportés par le déclarant; dans le cas contraire, ils seront supportés par la douane française.

8. Dans les cas prévus par l'article 6, les deux arbitres-experts seront nommés, l'un par le déclarant, l'autre par le chef local du service des douanes françaises; en cas de partage, ou même au moment de la constitution de l'arbitrage, si le déclarant le requiert, les experts choisiront un tiers arbitre; s'il y a désaccord, celui-ci sera nommé par le président du Tribunal de commerce du port d'introduction, à défaut, par le président du Tribunal de commerce du lieu le plus voisin.

La décision arbitrale devra être rendue dans les quinze jours qui suivront la constitution de l'arbitrage.

9. Indépendamment des taxes de douane, les articles d'orfévrerie et de bijouterie en or, argent, platine ou autres métaux, de manufacture britannique, importés en France, seront soumis au régime du contrôle établi dans ce pays pour les articles similaires de fabrication nationale, et payeront, s'il y a lieu, sur la même base que ceux-ci, les droits de marque et de garantie.

10. Le tarif (1) annexé à la présente Convention sera immédiatement applicable, indépendamment des articles déjà admissibles en vertu du traité du 23 janvier dernier, au sucre raffiné, aux ouvrages en métaux, machines, pièces détachées de machines, outils et mécaniques de toute espèce.

11. La présente convention aura la même durée que le traité conclu entre les Hautes Parties contractantes le 23 janvier dernier, dont elle est l'un des compléments.

12. La présente Convention sera ratifiée et les ratifications en seront échangées à Paris dans le délai de quinze jours, ou plus tôt si faire se peut.

(1) Voy. le tableau des droits, page 25.

En foi de quoi, les plénipotentiaires respectifs l'ont signée et y ont apposé le cachet de leurs armes.

Fait en double à Paris, le douzième jour du mois d'octobre de l'an mil huit cent soixante.

Signé THOUVENEL.
ROUHER.
COWLEY.
Rich. COBDEN.

ART. II.

Notre ministre secrétaire d'État au département des affaires étrangères est chargé de l'exécution du présent décret.

Fait à Saint-Cloud, le 26 octobre 1860.

NAPOLÉON.

Vu et scellé du sceau de l'État :
Le Garde des Sceaux, Ministre de la justice.

Signé DÉLANGLE.

Par l'Empereur :
Le Ministre des affaires étrangères,

Signé THOUVENEL.

DÉCRET

Qui prescrit la promulgation de la deuxième convention complémentaire conclue le 16 *novembre* 1860, *entre la France et la Grande-Bretagne.*

(Inséré au Bulletin des Lois du 1er décembre 1860, n° 875.)

NAPOLÉON, par la grâce de Dieu et la volonté nationale, EMPEREUR DES FRANÇAIS, à tous présents et à venir, SALUT.

Sur le rapport de notre ministre secrétaire d'État au département des affaires étrangères,

AVONS DÉCRÉTÉ et DÉCRÉTONS ce qui suit :

ARTICLE PREMIER.

Une deuxième convention, suivie d'un tarif, ayant été conclue le 16 novembre 1860, entre la France et le royaume uni de la Grande-Bretagne et d'Irlande, pour assurer l'exécution du Traité de commerce du 23 janvier 1860, dont elle est un des compléments, et les ratifications de cet acte ayant été échangées à Paris le 30 novembre 1860, ladite convention, dont la teneur suit, recevra sa pleine et entière exécution :

CONVENTION.

S. M. l'Empereur des Français et S. M. la Reine du royaume uni de la Grande-Bretagne et d'Irlande, voulant assurer la complète exécution du Traité du 23 janvier 1860, en fixant les droits à l'importation des marchandises d'origine ou de manufacture britannique énumérées dans ledit Traité et non comprises dans l'arrangement du 12 octobre dernier, ont résolu de négocier dans ce but une deuxième convention additionnelle et ont, à cet effet, nommé pour leurs plénipotentiaires, savoir :

Sa Majesté l'Empereur des Français, M. Thouvenel, sénateur de l'Empire, Grand-Croix de son Ordre Impérial de la Légion d'honneur, etc., etc., etc., son ministre secrétaire d'État au département des affaires étrangères, et M. Rouher, sénateur de l'Empire, Grand-Croix de son Ordre Impérial de la Légion d'honneur, etc. etc. etc. son ministre secrétaire d'Etat au département de l'agriculture, du commerce et des travaux publics.

Et Sa Majesté la Reine du royaume uni de la Grande-Bretagne et d'Irlande, le très-honorable Henry-Richard-Charles, comte Cowley, vicomte Dangan, baron Cowley, pair du royaume uni, membre du très-honorable Conseil privé de Sa Majesté Britannique, Chevalier Grand-Croix du très-honorable Ordre du Bain, ambassadeur extraordinaire et plénipotentiaire de Sadite Majesté près Sa Majesté l'Empereur des Français; et M. Richard Cobden, écuyer, membre du Parlement britannique;

Lesquels, après s'être communiqué leurs pleins pouvoirs respectifs, trouvés en bonne et due forme, sont convenus des articles suivants :

Art. 1er. Les objets d'origine ou de manufacture britannique énumérés dans le tarif joint à la présente convention et importés directement du royaume uni sous pavillon français ou britannique, seront admis en France aux droits fixés par ledit tarif.

2. Les règles consacrées par les articles 2, 4, 5, 6, 7 et 8 de la convention conclue le 12 octobre dernier entre les Hautes Puissances contractantes pour les justifications d'origine, les déclarations d'importation et l'expertise des produits taxés *ad valorem*, s'appliqueront également aux divers produits d'origine ou de manufacture britannique énumérés dans le tarif annexé à la présente convention.

L'article 3 de la convention du 12 octobre dernier, qui dispense les importateurs de machines ou de pièces détachées de machines d'origine ou de manufacture britannique de l'obligation de produire des modèles ou dessins, est déclaré applicable à toutes les marchandises dont l'importation était assujettie à cette formalité, et qui sont comprises, soit dans la présente convention, soit dans celle du 12 octobre dernier.

3. Indépendamment des droits de douane stipulés dans le tarif annexé à la présente convention, et par application des articles 1 et 9 du traité conclu entre les Hautes Parties contractantes le 23 janvier dernier, les produits d'origine ou de manufacture Britannique ci-des-

sus énumérés, seront à leur importation en France et à titre de compensation des droits équivalents supportés par les fabricants français, assujettis aux taxes supplémentaires ci-après déterminées :

Soude brute, 4 fr. 35 c. les 100 kilog.
Cristaux de soude, 4 fr. 35 c. *idem.*
Sulfate de soude pur, anhydre, 6 fr. *idem.*
— — cristallisé ou hydraté, 2 fr. 40 c. *idem.*
— impur, anhydre, 5 fr. 40 c. *idem.*
— — cristallisé ou hydraté, 2 fr. 10 c. *idem.*
Sulfite de soude, 6 fr. *idem.*
Sel de soude, 11 fr. *idem.*
Acide hydrochlorique, 3 fr. *idem.*
Chlorure de chaux, 10 fr. *idem.*
Chlorate de potasse, 66 fr. *idem.*
Chlorure de magnésium, 4 fr. *idem.*
Glaces ou grands miroirs, 1 fr. le m. de superf.
Gobeletterie, verres à vitres et autres verres blancs, 3 fr. 20 c. les 100 kilog.
Bouteilles, 1 fr. 25 c. *idem.*
Outremer factice, 11 fr. *idem.*
Sel ammoniac, 16 fr. *idem.*
Soudes de varech, 1 fr. 50 c. *idem.*
Salin ou résidu brut de la calcination des vinasses de betteraves, 1 fr. 25 c. *idem.*
Sel d'étain, 3 fr. *idem.*
Savons blancs ou marbrés, composés d'alcalis et d'huile d'olive ou de graines grasses pures ou mélangées de graisses animales.
(L'huile entrant pour la moitié au moins dans le mélange des corps gras), 8 fr. 20 c. *idem.*
(L'huile entrant pour moins de moitié dans le mélange des corps gras), 6 fr. *idem.*
— de graisses animales, purs, 6 fr. *idem.*
— — mélangés de résine, 6 fr. *id.*
— d'huile de palme ou de coco mélangées de graisses animales, 4 fr. *idem.*

— de couleur, composés d'huiles de graines ou de graisses animales, 6 fr. *idem.*

Alcool pur, 90 fr. l'hectolitre.

Bière, 2 fr. 40 c. *idem.*

Vernis à l'esprit-de-vin, par hectolitre d'alcool pur contenu dans le vernis, 90 fr. *idem.*

Il est entendu que le sucre raffiné n'est pas compris dans cette nomenclature, parce que le droit de 41 francs par 100 kilogrammes fixé à l'importation de ce produit comprend l'impôt de consommation dont il est actuellement grevé en France.

Il est également convenu entre les Hautes Puissances contractantes qu'en cas de modification ou de suppression des droits d'accise actuellement imposés aux fabricants français, les produits d'origine ou de manufacture britannique seront, pour ces droits d'accise, soumis aux mêmes conditions que les produits similaires français. Toutefois, si, par suite de la suppression de l'un de ces droits, le Gouvernement établit une surveillance, un contrôle ou un exercice administratif sur certains produits fabriqués français, les charges directes ou indirectes dont seront grevés les fabricants français seront compensés par une surtaxe équivalente établie sur les produits similaires britanniques. Il demeure en outre entendu que si des drawbacks sont accordés à d'autres produits de fabrication française, les droits de douane qui grèvent les produits similaires d'origine ou de fabrication britannique seront augmentés d'une surtaxe égale au montant de ces drawbacks.

4. A l'égard des tissus purs et mélangés, taxés à la valeur, dont l'estimation dans les ports lui paraîtrait présenter des difficultés, le Gouvernement français se réserve la faculté de désigner exclusivement la douane de Paris pour l'admission de ces marchandises.

5. Chacune des Hautes Puissances contractantes s'engage à faire profiter l'autre de toute faveur, de tout privilége ou abaissement de tarif que l'une d'elles accor-

derait à une tierce puissance pour l'importation des marchandises mentionnées ou non dans le traité du 23 janvier 1860.

6. Le tarif (1) annexé à la présente convention entrera en vigueur dans un délai qui ne pourra dépasser le 1er juin 1861 pour les fils et tissus de lin, de chanvre et de jute, et le 1er octobre suivant pour tous les autres articles.

7. La présente convention aura la même durée que le traité conclu entre les Hautes Puissances contractantes, le 23 janvier dernier, dont elle est l'un des compléments.

8. La présente convention sera ratifiée et les rectifications en seront échangées à Paris dans le délai de quinze jours, ou plus tôt si faire se peut.

En foi de quoi, les plénipotentiaires respectifs l'ont signée et y ont apposé le cachet de leurs armes.

Fait en double à Paris, le seizième jour du mois de novembre de l'an mil huit cent soixante.

(L. S.) *Signé* THOUVENEL.
(L. S.) *Signé* E. ROUHER.
(L. S.) *Signé* COWLEY.
(L. S.) *Signé* Rich. COBDEN.

ART. II.

Notre ministre secrétaire d'État au département des affaires étrangères est chargé de l'exécution du présent décret.

Fait au palais des Tuileries, le 30 novembre 1860.

NAPOLÉON.

Par l'Empereur :

Le Ministre des affaires étrangères,

Signé THOUVENEL.

Vu et scellé du sceau de l'État;

Le Garde des Sceaux, Ministre de la justice,

Signé DELANGLE.

(1) Voy. le tableau des droits, page 25.

TABLEAU

DES DROITS APPLICABLES EN FRANCE A DIVERS PRODUITS DE L'ANGLETERRE ET DE LA BELGIQUE

NOTA. — Lorsqu'à la suite de chaque article sont indiqués seulement deux termes, comme par exemple : *exempts* et 25 cent. par 100 kil., ou 2 fr. et 2 fr. 25 c., le premier terme représente la quotité des droits applicables, pour les marchandises anglaises, aux importations par navire français ou anglais, et pour les mardises de Belgique aux importations par navires français ou belges et par terre ; et le second terme s'entend des importations par navires tiers.

Pour les marchandises tarifées au poids, 100 kil. représentent généralement l'unité sur laquelle portent les droits ; celles dont la taxe s'élève à plus de 10 fr. les 100 kil., n'acquittent cette taxe que sur le poids *net*, déduction faite du poids des emballages ou enveloppes extérieures. Les autres articles payent le droit sur le poids brut, sauf quelques exceptions qui seront indiquées par la lettre N à la suite de 100 kil.

On entend par navires assimilés les navires qui jouissent dans certains cas du même régime que les navires français à l'importation ; c'est ce qui a lieu pour les navires anglais et belges.

Le double décime est compris dans les quotités figurant au tableau ci-après, sauf quelques exceptions qui sont mentionnées.

Le bénéfice des tarifs stipulés à l'égard des produits d'origine et de fabrication britannique ou belge, est subordonné à la production des certificats d'origine délivrés, soit par le chef du service des douanes du port d'embarquement, soit par un magistrat siégeant au lieu d'expédition, soit par les agents consulaires de

France. Les certificats émanant des autorités britanniques ou belges doivent être légalisés par les consuls de France.

Les droits de chancellerie sont de 5 fr. pour la délivrance des certificats, et de 2 fr. 50 c. pour la légalisation.

D'après un avis inséré au *Moniteur* belge, ces droits seraient encore réduits, du moins dans les chancelleries françaises en Belgique, à 2 fr. 50 c. pour le certificat, et à 1 fr. 25 c. pour le visa ou la légalisation.

Les fils de coton et de laine, et les tissus anglais et belges, taxés à la valeur, ne peuvent être acquittés qu'à Paris, à Bordeaux, au Havre, à Lille, à Lyon, à Mulhouse, à Nantes et à Rouen, et à Alger pour l'Algérie. Sont ouverts seulement à l'acquittement des fils, Boulogne, Calais, Dieppe, Dunkerque, Roubaix, Tourcoing et Valenciennes.

Abaca (V. *Végétaux, Fils et Tissus*).

Acétate de fer liquide, exempt.

Acides citrique, sulfurique et nitrique, exempts, et 25 c. les 100 kil.

— hydrochlorique (acide muriatique), 3 fr. 60 c. et 3 fr. 90 c.

— arsénieux et tartrique, exempts, et 25 c.

— oxalique, 15 fr. et 16 fr. 50 c. les 100 kil. N, et en 1864, 10 fr. et 11 fr. les 100 kil. B.

— benzoïque et borique, exempts, et 25 c. les 100 kil. B.

— stéarique, 5 0/0 de la valeur.

— oléique des pays hors d'Europe et du crû d'Europe, exempts, et 2 fr. 40 c. les 100 kil.; — d'ailleurs, 2 fr. 40 c.

— stéarique ouvré, bougies, 10 0/0 de la valeur;

Agaric préparé (amadou), 2 fr. et 2 fr. 20 c. les 100 kil.

Agates et autres pierres de même espèce, ouvrées, 10 0/0 de la valeur.

Aiguilles à coudre, ayant de longueur moins de 5 centimètres, 200 fr. et 212 fr. 50 c. les 100 kil ; — 5 centimètres ou plus, 100 fr. et 107 fr. 50 c.

ALBATRES de toute sorte, bruts ou équarris, ou sciés, à 16 centimètres et plus d'épaisseur, 1 fr. et 1 fr. 25 c. les 100 kil.;—sciés à moins de 16 centim., 1 fr. 50 c. et 1 fr. 75 c.; — sculptés, moulés ou polis (statues modernes), exempts, et 25 c.; — autres que statues, 1 fr. 50 et 1 fr. 75 c.

ALBUMINE, exempte, et 25 cent. les 100 kil.

ALCOOLS : eaux-de-vie en bouteilles, 15 fr. l'hectolitre de liquide, et autrement qu'en bouteilles, 15 fr. l'hectolitre d'alcool pur ; — autres qu'eaux-de-vie, 15 fr. l'hectolitre d'alcool pur, quel que soit le mode d'importation. — D'après le traité avec la Belgique, les eaux-de-vie en bouteilles venant de ce pays paient le même droit que les eaux-de-vie d'Angleterre ; mais les eaux-de-vie de Belgique autrement qu'en bouteilles, et les alcools autres qu'eaux-de-vie, paient 20 fr. l'hectolitre d'alcool pur jusqu'en 1864, époque à partir de laquelle il ne sera perçu que 15 fr.

ALUMINATE de soude, 10 0/0 de la valeur.

ALUMINIUM, 10 0/0 de la valeur.

AMBRE gris, 2 fr. et 2 fr. 20 c. les 100 kil.

AMIDON, 1 fr. 50 c. et 1 fr. 75 c. les 100 kil.

ANCRES, 10 fr. et 11 fr. les 100 kil. B, et en 1864, 8 fr. et 8 fr. 80 c.

ANIS VERT, voy. Fruits à distiller.

ANTIMOINE (minerai d'), exempt.

— sulfuré fondu, exempt et 25 c. les 100 kil. B.

— métallique ou régule, 8 fr. et 8 fr. 80 c. les 100 kil. B., et en 1864, 6 fr. et 6 fr. 60 c.

ARGENT battu, en feuilles, 36 fr. et 36 fr. 60 c. le kil. N.

ARSENIC, minerai et métal, exempt.

ARMES DE COMMERCE blanches, 40 fr. et 44 fr. les 100 kil.

— à feu, 240 et 254 fr. 50 c.

ARTICLES d'emballage ayant déjà servi, exempts, et 25 c.

BETTERAVES, exemptes.

BEURRE frais ou fondu, exempt ; — salé, 2 fr. 50 c., et 2 fr. 70 c. les 100 kil.

Bicarbonate de soude, 5 fr. 25 c. et 5 fr. 70 c. les 100 kil., et en 1864, 3 fr. 50 c. et 3 fr. 80 c.

Bijouterie en or, argent, platine ou autres métaux, 500 fr. et 517 fr. 50 c. les 100 kil.

Bimbeloterie, 10 0/0 de la valeur.

Bismuth (étain de glace), exempt, et 25 c. les 100 kil.

Bitumes de toute sorte, solides ou fluides, exempts.

Blanc de baleine et de cachalot, 4 fr. les 100 kil.

Bleu de Prusse, exempt.

Bois de chêne et de noyer bruts, simplement équarris à la hache ou sciés, exempts.

Bois de teinture, moulus, exempts et 25 c. les 100 kil. — en bûches, exempts, sauf lorsqu'ils sont importés des entrepôts, auquel cas ils payent 3 fr. 60 c. par nav. fr. ou assimilé, et 7 fr. 20 c. les 100 kil. par nav. étr. ou par terre.

Borax brut exempt, et 25 c. les 100 kil.

Bougies de blanc de baleine, de cachalot et autres bougies de toute sorte, 10 0/0 de la valeur.

Boutons autres que de passementerie, communs et fins, 10 0/0 de la valeur.

Brome, exempt et 25 c. les 100 kil.

Brosserie de toute espèce, 10 0/0 de la valeur.

Byssus de pinnes-marines, exempts, et 25 c. les 100 kil.

Cables et Chaînes en fer, 10 fr. et 11 fr. les 100 kil. B, et en 1864, 8 fr. et 8 fr. 80 c.

Cadmium brut, exempt, et 25 c. les 100 kil.

Café des colonies françaises et des établissements français sur la côte occidentale d'Afrique, 36 fr. les 100 kil., plus la surtaxe d'affrétement pour les importations de la Réunion et des Antilles par nav. étranger ;— d'ailleurs, hors d'Europe, 50 fr. 40 c. les 100 kil. par nav. fr. ou assimilé, et 55 fr. 40 c. par nav. étr. ou par terre ; — des entrepôts, 55 fr. 40 c.

Camphre brut, des pays de production, exempt par nav. fr. ou assimilé, et 2 fr. les 100 kil. par nav. étr. ou par terre ; — d'ailleurs, 2 fr. quel que soit le mode d'importation. — Camphre raffiné 2 fr. et 2 fr. 20 c.

Cantharides desséchées, 2 fr. et 2 fr. 20 c. les 100 kil.
Caractères d'imprimerie neufs, 10 fr. et 11 fr. les 100 kil. B, et en 1864, 8 fr. et 8 fr. 80 c. ; — vieux, 5 fr., 5 fr. 50 c., 3 fr. et 3 fr. 30 c.
Carbonate de magnésie et de potasse, exempt et 25 c. les 100 kil.
— de plomb, 5 fr. et 5 fr. 50 c. les 100 kil., et en 1864, 2 fr. et 2 fr. 25 c.
— de soude cristallisé (cristaux de soude), 6 fr. 65 c. les 100 kil. et 7 fr. 30 c., et en 1864, 5 fr. 85 c. et 6 fr, 40 c. ; — à tous degrés (sel de soude), 15 fr. 50 c. et 17 fr. les 100 kil., et en 1864, 14 fr. et 15 fr. 40 c.
Carmins de toute sorte, exempts.
Carrosserie, 10 0/0 de la valeur.
Cartes géographiques, exemptes, et 25 c. les 100 kil.
Cartes a jouer, 15 0/0 de la valeur, plus 48 c. par jeu.
Carton en feuilles de toute sorte, 10 et 11 fr. les 100 kil. B, et en 1864, 8 fr. et 8 fr. 80 c.
— moulé, dit papier mâché, et coupé ou assemblé, 10 0/0 de la valeur.
Castoréum, 2 fr. et 2 fr. 20 c. les 100 kil.
Cendres végétales, vives et lessivées, exemptes.
— bleues ou vertes, exemptes.
Chandelles, 10 0/0 de la valeur.
Chanvre (V. *Végétaux filamenteux*).
Chapeaux de paille et de sparte, 25 c. la pièce.
Cheveux ouvrés, exempts.
Chicorée brûlée ou moulue, 5 fr. et 5 fr. 50 c. les 100 k.
Chlorate de potasse, 104 fr. 60 c. et 112 fr. 30 c. les 100 kil., et en 1864, 91 fr. 75 c. et 98 fr. 80 c.
Chlorure de chaux, 11 fr. 75 c. et 12 fr. 90 c. les 100 kil., et en 1864, 10 fr. 30 c. et 11 fr. 30 c.
— de magnésium, 4 fr. et 4 fr. 40 c.
— d'aluminium, 10 0/0 de la valeur.
— de potassium (hydrochlorate ou muriate de potasse), exempt, et 25 c. les 100 kil.

CHROMATES de plomb et de potasse, 10 0/0 de la valeur.

CIRAGE de toute sorte, 4 fr. et 4 fr. 40 c. les 100 kil.

CIRE brute, jaune, brune ou blanche, 1 fr. et 1 fr. 25 c. les 100 kil.

— ouvrée, bougies, 10 0/0 de la valeur; autre que bougie, jaune ou blanche, 4 fr. et 4 fr. 40 c. les 100 kil.

— à cacheter, 30 fr. et 33 fr. les 100 kil.

CITRATE de chaux, exempt, et 25 c. les 100 kil.

CIVETTE, 2 fr. et 2 fr. 20 c. les 100 kil.

CLICHÉS avec ou sans dessins, 10 fr. et 11 fr. les 100 kil. B, et en 1864, 8 fr. et 8 fr. 80 c.

COBALT en masse et en poudre, exempt, et 25 c. les 100 kil.

CORAIL brut et taillé, non monté, exempt.

CORDES et CABLES (cordages), de fibres de coco, 6 fr. et 6 fr. 60 c. les 100 kil.; — de sparte de tous calibres, en fils ou tresses battues, 6 et 6 fr. 60 c.; — les mêmes en tresses non battues, ainsi que les cordages de tilleul et de joncs, 2 fr. 40 c. et 2 fr. 44 c.; — autres cordages, 15 fr. et 16 fr. 50 c.

CORNES de bétail, brutes, exemptes et 25 c. les 100 kil.; — préparées ou en feuillets de toute dimension, 3 fr. et 3 fr. 30 c. les 100 kil.

COTON en laine, de l'Inde, exempt et 3 fr. 60 c. les 100 kil.; — autre que de l'Inde, 3 fr. 60 c. quel que soit le mode d'importation; — coton non egrené de l'Inde, exempt et 90 c. les 100 kil.; — autre que de l'Indé, 90 c.; — coton en feuilles, cardées ou gommées (ouate), 10 fr. et 11 fr. les 100 kil. B.

COULEURS non dénommées sèches, en pâtes, ou liquides, 5 0/0 de la valeur.

COUTELLERIE de toute espèce, 20 0/0 de la valeur et à partir de 1866, 15 0/0.

CRAYONS simples, en pierre, 1 fr. et 1 fr. 25 c. les 100 kil.

— composés, à gaîne de bois, 10 0/0 de la valeur.

CRINS bruts de toute nature, même préparés ou frisés,

d'Angleterre, exempts et 25 c. les 100 kil.; — autres que le crin d'Angleterre, 3 fr. 60 c. les 100 kil.

Cristal de roche brut, exempt; — ouvré, exempt, et 25 c. les 100 kil.; — monté, mêmes droits que la bijouterie et l'orfévrerie.

Cuivre (minerai de), exempt.

— pur ou allié de zinc ou d'étain, de 1re fusion, en masses, barres, saumons ou plaques, exempt et 25 c. les 100 kil.

— — laminé ou battu, en barres ou planches; — en fils de toute dimension, polis ou non, 15 fr. et 16 fr. 50 c. les 100 kil., et en 1864, 10 fr. et 11 fr. les 100 kil. B.

— — en fils, teints en jaune imitant la dorure; — doré ou argenté, en masses ou lingots; — battu, tiré ou laminé; — filé sur fil ou sur soie, 100 fr. et 107 fr. 50 c. les 100 k.

— Débris de vieux ouvrages en cuivre; — limailles, exempts et 25 c. les 100 kil. B.

Curcuma, en poudre, exempt; — en racine, des pays hors d'Europe, exempt; et d'ailleurs 2 fr. 40 c. les 100 kil. par nav. fr. ou assimilé, et 4 fr. 80 c. par nav. étr. ou par terre.

Cylindres en cuivre ou en laiton pour impression, gravés ou non, 15 fr. et 16 fr. 50 c. les 100 kil.

Dégras de peaux, exempts et 25 c. les 100 kil.

Dents de loup, exemptes et 25 c. les 100 kil.

Dérivés de l'essence de houille, 5 0/0 de la valeur.

Eaux minérales de toute sorte, gazeuses et autres (cruchons compris), exemptes.

Écorces a tan, moulues ou non, exemptes.

Écossines brutes, taillées ou sciées ou sculptées (statues modernes), exemptes et 25 c. les 100 kil.; — sculptées ou polies (autres que statues), 50 c. et 75 c.

Emaux (V. *Verres et cristaux*).

Emballages (V. *Articles d'*).

Encre à écrire, à dessiner ou à imprimer, 20 fr. et 22 fr. les 100 kil.

Épices préparées, moutarde, 5 fr. et 5 fr. 50 c. les 100 kil.; — sauces, 25 fr. et 27 fr. 50 c.; — autres, 2 fr. 40 c. et 2 fr. 44 c. le kil.

Épingles de toute sorte, 50 fr. et 55 fr. les 100 kil.

Éponges de toute sorte, 55 fr. les 100 kil.

Essences. (V. *Houille et Résine.*)

Étain (minerai d'), exempt.

— en masses brutes, saumons, barres ou plaques, exempt, 25 c. les 100 kil.

— allié d'antimoine (métal britannique), en lingots, 5 fr. et 5 fr. 50 c.

— pur ou allié, battu ou laminé, 6 fr. et 6 fr. 60 c.

— Débris de vieux ouvrages en étain; — limailles, exempts et 25 c.

Étiquettes imprimées, gravées ou coloriées, exemptes, et 25 c. les 100 kil.

Extraits de bois de teinture, noirs et violets, 20 fr. 22 fr. les 100 kil.;— rouges et jaunes, 30 fr. et 33 fr.

Faience. (V. *Poterie.*)

Fanons de baleine bruts, 2 fr. les 100 kil.

Fer, Fonte et Acier. Minerai de fer, exempt.

— Fonte sans distinction de poids, brute, en masse et fonte moulée pour lest de navires, 2 fr. 50 c. et 2 fr. 75 c., et en 1864, 2 fr. et 2 fr. 25 c. les 100 kil.

— Fonte épurée, dite mazée, 3 fr. 25 c. et 3 fr. 50 c., et en 1864, 2 fr. 75 c. et 3 fr.

— Fer en barres carrées, rondes ou plates, 7 fr. et 7 fr. 70 c., et en 1864, 6 fr. et 6 fr. 60 c.

— Rails de toute forme et dimension, 7 fr. et 7 fr. 70 c., et en 1864, 6 fr. et 6 fr. 60 c.

— Fers d'angle et à T, 7 fr. et 7 fr. 70 c., et en 1864, 6 fr. et 6 fr. 60 c.

— Fer brut en massiaux ou prismes, retenant encore des scories, 5 fr. et 5 fr. 50 c., et en 1864, 4 fr. 50 c. et 4 fr. 90 c.

— Fer feuillard en bandes d'un millimètre d'épaisseur

ou moins, 8 fr. 50 c. et 9 fr. 30 c., et en 1864, 7 fr. 50 c. et 8 fr. 20 c.

FER, FONTE et ACIER (suite). Tôles laminées ou martelées de plus d'un millim. d'épaisseur, en fonte, pesant 200 kilogr. ou moins, et dont la largeur n'excède pas 1 mètre 20 cent., ni la longueur 4 mètres 50 cent., 8 fr. 50 c. et 9 fr. 30 c., et en 1864, 7 fr. 50 c. et 8 fr. 20 c.

— — plus de 200 kilogrammes ou bien dont la largeur excède 1 mètre 20 centimètres ou la longueur 4 mètres 50 centimètres, 9 fr. 50 c. et 10 fr. 40 c., et en 1864, 7 fr. 50 c. et 8 fr. 20 c.

— Tôles minces et fers noirs en feuilles, d'un millimètre d'épaisseur ou moins, 13 fr. et 14 fr. 30 c. les 100 kil. N, et en 1864, 10 fr. et 11 fr. les 100 kil. B.

— — laminées, martelées ou minces et fers noirs en feuilles, planes, découpées d'une façon quelconque : droits des tôles et fers noirs en feuilles rectangulaires, selon l'espèce, et le dixième en sus.

— Fer étamé (fer-blanc), cuivré, zingué ou plombé, 16 fr. et 17 fr. 60 c., et en 1864, 13 fr. et 14 fr. 30 c. les 100 kil. N.

— Fils de fer qu'ils soient ou non étamés, cuivrés ou zingués, de 5 dixièmes de millimètre de diamètre ou moins, 14 fr. et 15 fr. 40 c. les 100 kil. N, et en 1864, 10 fr. et 11 fr. les 100 kil. B.

— — autres, 7 fr. et 7 fr. 70 c., et en 1864, 6 fr. et 6 fr. 60 c. les 100 kil. B.

— Acier en barres de toute espèce, et feuillard, 15 fr. et 16 fr. 50 c., et en 1864, 13 fr. et 14 fr. 30 c. les 100 kil. N.

— Acier en tôles ou en bandes brunes, laminées chaud, ayant d'épaisseur plus d'un millimètre, 22 fr. et 24 fr. 20 c., et en 1864, 18 fr. et 19 fr. 80 c.

— — ayant un demi-millimètre ou moins, 30 fr. et 33 fr., et en 1864, 25 fr. et 27 fr. 50 c.

Fer, Fonte et Acier (suite). En tôles ou en bandes blanches, laminées à froid, quelle que soit l'épaisseur, 30 fr. et 33 fr., et en 1864, 25 fr. et 27 fr. 50 c.

— — filé, même blanchi pour cordes d'instruments, 30 fr. et 33 fr., et en 1864, 25 fr. et 27 fr. 50 c.

— Limailles et pailles, exemptes par nav. fr. ou assimilé, et par terre, et 25 cent. les 100 kil, non compris le décime, par nav. étr.

— Ferrailles, débris de vieux ouvrages en fer, 3 fr. 25 c., et 3 fr. 50 c., et en 1864, 2 fr. 75 c. et 3 fr. les 100 kil. B.

— — débris de vieux ouvrages en fonte, 2 fr. 50 c. et 2 fr. 75 c., et en 1864, 2 fr. et 2 fr. 25 c. les 100 kil.

— Mâchefer et scories de forge, exempts et 25 c. les 100 kil.

Feutres, de toute sorte 15 0/0 de la valeur, et en 1864, 10 0/0.

Filets de pêche, 20 fr. et 22 fr. les 100 kil.

Fils de lin ou de chanvre pur, simples, écrus, mesurant au kilog. 6,000 mètres ou moins, 15 fr. et 16 fr. 50 c. les 100 kilog.

— — plus de 6,000 mètres; pas plus de 12,000, 20 fr. et 22 fr.

— — plus de 12,000 mètres; pas plus de 24,000. 30 fr. et 33 fr.

— — plus de 24,000 mètres; pas plus de 36,000, 36 fr. et 39 fr. 60 c.

— — plus de 36,000 mètres; pas plus de 72,000, 60 fr. et 65 fr. 50 c.

— — plus de 72,000 mètres; 100 fr. et 107 fr. 50 c.

— simples, blanchis ou teints mesurant au kilog. 6,000 mètres ou moins 20 fr. et 22 fr.

— — plus de 6,000 mètres; pas plus de 12,000, 27 fr. et 29 fr. 70 c.

— — plus de 12,000 mètres; pas plus de 24,000, 40 fr. et 44 fr.

Fils de chanvre ou de lin pur, simples, écrus (suite), mesurant au kilog. plus de 24,000 mètres, pas plus de 36,000, 48 fr. et 52 fr. 80 c.

— — plus de 36,000 mètres, pas plus de 72,000, 80 fr. et 86 fr. 50 c.

— — plus de 72,000 mètres; 133 fr. et 142 fr. 10 c.

— retors, écrus, mesurant au kilog. 6,000 mètres ou moins, 19 fr. 50 c. et 21 fr. 40 c.

— — plus de 6.000 mètres; pas plus de 12,000, 26 fr. et 28 fr. 60 c.

— — plus de 12,000 mètres; pas plus de 24,000, 39 fr. et 42 fr. 90 c.

— — plus de 24,000 mètres; pas plus de 36,000, 46 fr. 80 c. et 51 fr. 40 c.

— — plus de 36,000 mètres; pas plus de 72,000, 78 fr. et 84 fr. 40 c.

— — plus de 72,000 mètres; 130 fr. et 139 fr.

— retors, blanchis ou teints, mesurant au kilog., 6,000 mètres ou moins, 26 fr. et 28 fr. 60 c.

— — plus de 6,000 mètres; pas plus de 12,000, 35 fr. 10 c. et 38 fr. 60 c.

— — plus de 12,000 mètres; pas plus de 24,000, 52 fr. et 57 fr. 10 c.

— — plus de 24,000 mètres; pas plus de 36,000, 62 fr. 40 c. et 68 fr.

— — plus de 36,000 mètres; pas plus de 72,000, 104 fr. et 111 fr. 70 c.

— — plus de 72,000 mètres, 172 fr. 90 c. et 184 fr.

— mélangé avec d'autres matières, le lin ou le chanvre dominant en poids : mêmes droits que les fils de lin ou de chanvre pur, selon l'espèce et la classe.

Fils de jute pur, écrus, mesurant au kilog. moins de 1,400 mètres, 7 fr. et 7 fr. 70 c., et en 1864, 5 fr. et 5 fr. 50 c. les 100 kil.

— — de 1,400 à 3,700 mètres exclusivement, 9 fr. 20 c. et 10 fr. 10 c., et en 1864 6 fr. et 6 fr. 60 c.

— — de 3,700 à 4,200 mètres id., 10 fr. 20 c. et 11 fr.

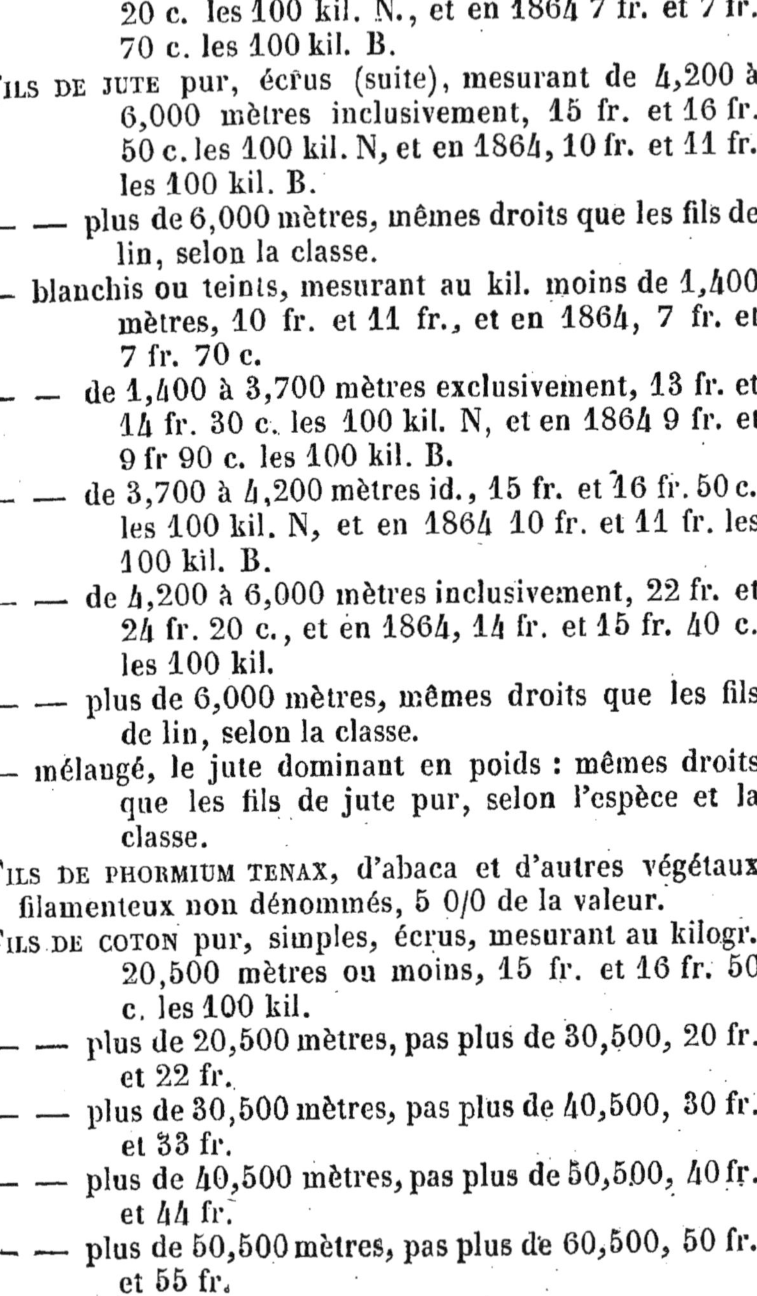

20 c. les 100 kil. N., et en 1864 7 fr. et 7 fr. 70 c. les 100 kil. B.

Fils de jute pur, écrus (suite), mesurant de 4,200 à 6,000 mètres inclusivement, 15 fr. et 16 fr. 50 c. les 100 kil. N, et en 1864, 10 fr. et 11 fr. les 100 kil. B.

— — plus de 6,000 mètres, mêmes droits que les fils de lin, selon la classe.

— blanchis ou teints, mesurant au kil. moins de 1,400 mètres, 10 fr. et 11 fr., et en 1864, 7 fr. et 7 fr. 70 c.

— — de 1,400 à 3,700 mètres exclusivement, 13 fr. et 14 fr. 30 c. les 100 kil. N, et en 1864 9 fr. et 9 fr 90 c. les 100 kil. B.

— — de 3,700 à 4,200 mètres id., 15 fr. et 16 fr. 50 c. les 100 kil. N, et en 1864 10 fr. et 11 fr. les 100 kil. B.

— — de 4,200 à 6,000 mètres inclusivement, 22 fr. et 24 fr. 20 c., et en 1864, 14 fr. et 15 fr. 40 c. les 100 kil.

— — plus de 6,000 mètres, mêmes droits que les fils de lin, selon la classe.

— mélangé, le jute dominant en poids : mêmes droits que les fils de jute pur, selon l'espèce et la classe.

Fils de phormium tenax, d'abaca et d'autres végétaux filamenteux non dénommés, 5 0/0 de la valeur.

Fils de coton pur, simples, écrus, mesurant au kilogr. 20,500 mètres ou moins, 15 fr. et 16 fr. 50 c. les 100 kil.

— — plus de 20,500 mètres, pas plus de 30,500, 20 fr. et 22 fr.

— — plus de 30,500 mètres, pas plus de 40,500, 30 fr. et 33 fr.

— — plus de 40,500 mètres, pas plus de 50,500, 40 fr. et 44 fr.

— — plus de 50,500 mètres, pas plus de 60,500, 50 fr. et 55 fr.

Fils de coton pur, simples, écrus (suite), mesurant plus de 60,500 mètres, pas plus de 70,500, 60 fr. et 65 fr. 50 c.

— — plus de 70,500 mètres, pas plus de 80,500, 70 fr. et 76 fr.

— — plus de 80,500 mètres, pas plus de 90,500, 90 fr. et 97 fr.

— — plus de 90,500 mètres, pas plus de 100,000, 100 fr. et 107 fr. 50 c.

— — plus de 100,500 mètres, pas plus de 110,500, 120 fr. et 128 fr. 50 c.

— — plus de 110,500 mètres, pas plus de 120,500, 140 fr. 10 c. et 149 fr. 50 c.

— — plus de 120,500 mètres, pas plus de 130,500, 160 fr. et 170 fr. 50 c.

— — plus de 130,500 mètres, pas plus de 140,500, 200 fr. et 212 fr. 50 c.

— — plus de 140,500 mètres, pas plus de 170,500, 250 fr. et 265 fr.

— — plus de 170,500 mètres, 300 fr. et 317 fr. 50 c.

— simples, blanchis, mesurant au kilog. 20,500 mètres, ou moins, 17 fr. 25 c. et 18 fr. 90 c.

— — plus de 20,500 mètres, pas plus de 30,500, 23 fr. et 25 fr. 30 c.

— — plus de 30,500 mètres, pas plus de 40,500, 34 fr. 50 c. et 37 fr. 90 c.

— — plus de 40,500 mètres, pas plus de 50,500, 46 fr. et 50 fr. 60 c.

— — plus de 50,500 mètres, pas plus de 60,500, 57 fr. 50 c. et 62 fr. 80 c.

— — plus de 60,500 mètres, pas plus de 70,500, 69 fr. et 74 fr. 90 c.

— — plus de 70,500 mètres, pas plus de 80,500, 80 fr. 50 c. et 87 fr.

— — plus de 80,500 mètres, pas plus de 90,500, 103 fr. 50 c. et 111 fr. 10.

— — plus de 90,500 mètres, pas plus de 100,500, 115 fr. et 123 fr. 20 c.

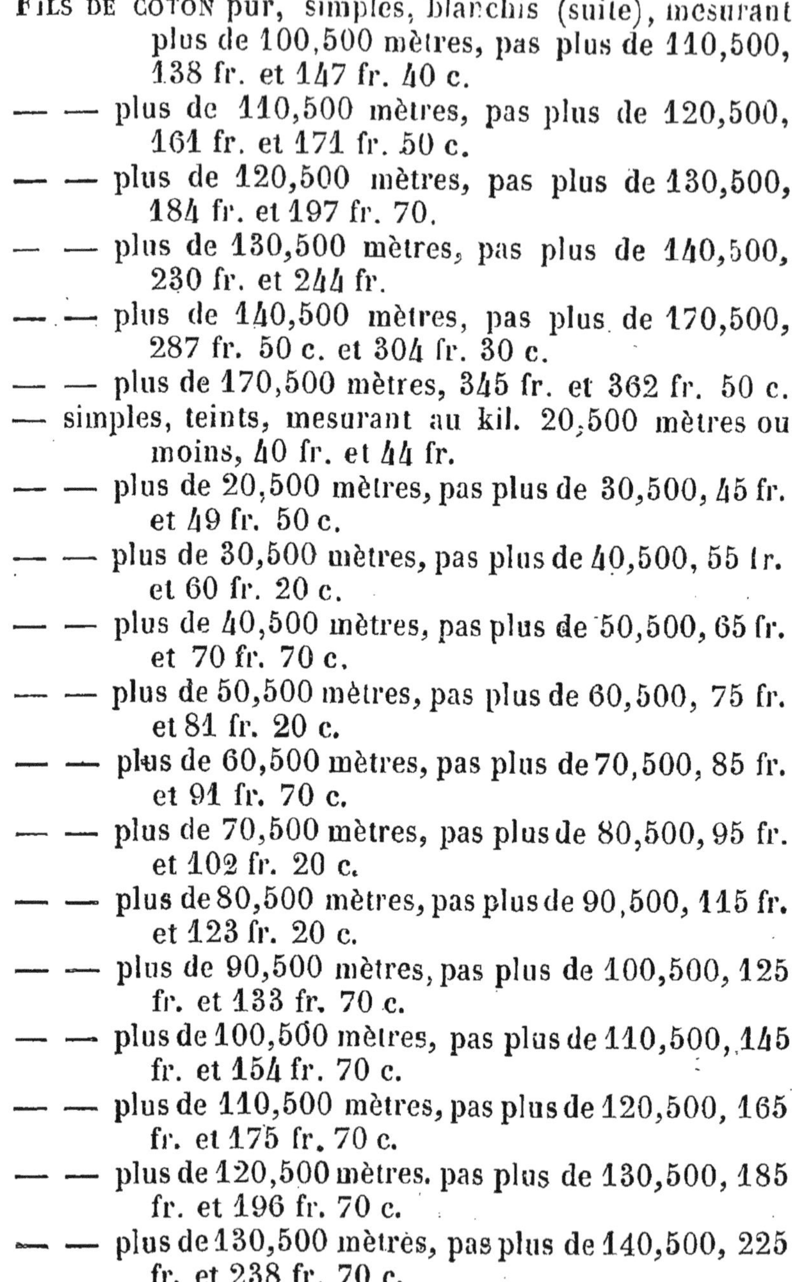

Fils de coton pur, simples, blanchis (suite), mesurant plus de 100,500 mètres, pas plus de 110,500, 138 fr. et 147 fr. 40 c.

— — plus de 110,500 mètres, pas plus de 120,500, 161 fr. et 171 fr. 50 c.

— — plus de 120,500 mètres, pas plus de 130,500, 184 fr. et 197 fr. 70.

— — plus de 130,500 mètres, pas plus de 140,500, 230 fr. et 244 fr.

— — plus de 140,500 mètres, pas plus de 170,500, 287 fr. 50 c. et 304 fr. 30 c.

— — plus de 170,500 mètres, 345 fr. et 362 fr. 50 c.

— simples, teints, mesurant au kil. 20,500 mètres ou moins, 40 fr. et 44 fr.

— — plus de 20,500 mètres, pas plus de 30,500, 45 fr. et 49 fr. 50 c.

— — plus de 30,500 mètres, pas plus de 40,500, 55 fr. et 60 fr. 20 c.

— — plus de 40,500 mètres, pas plus de 50,500, 65 fr. et 70 fr. 70 c.

— — plus de 50,500 mètres, pas plus de 60,500, 75 fr. et 81 fr. 20 c.

— — plus de 60,500 mètres, pas plus de 70,500, 85 fr. et 91 fr. 70 c.

— — plus de 70,500 mètres, pas plus de 80,500, 95 fr. et 102 fr. 20 c.

— — plus de 80,500 mètres, pas plus de 90,500, 115 fr. et 123 fr. 20 c.

— — plus de 90,500 mètres, pas plus de 100,500, 125 fr. et 133 fr. 70 c.

— — plus de 100,500 mètres, pas plus de 110,500, 145 fr. et 154 fr. 70 c.

— — plus de 110,500 mètres, pas plus de 120,500, 165 fr. et 175 fr. 70 c.

— — plus de 120,500 mètres. pas plus de 130,500, 185 fr. et 196 fr. 70 c.

— — plus de 130,500 mètres, pas plus de 140,500, 225 fr. et 238 fr. 70 c.

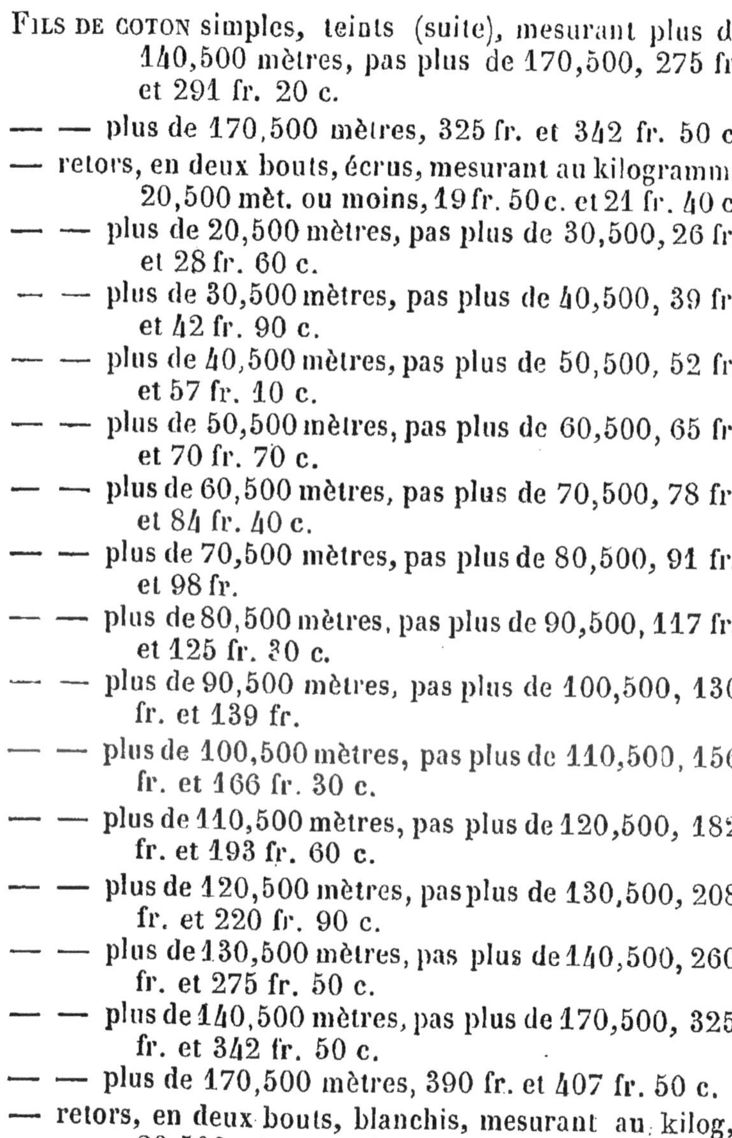

Fils de coton simples, teints (suite), mesurant plus de 140,500 mètres, pas plus de 170,500, 275 fr. et 291 fr. 20 c.

— — plus de 170,500 mètres, 325 fr. et 342 fr. 50 c.

— retors, en deux bouts, écrus, mesurant au kilogramme 20,500 mèt. ou moins, 19 fr. 50 c. et 21 fr. 40 c.

— — plus de 20,500 mètres, pas plus de 30,500, 26 fr. et 28 fr. 60 c.

— — plus de 30,500 mètres, pas plus de 40,500, 39 fr. et 42 fr. 90 c.

— — plus de 40,500 mètres, pas plus de 50,500, 52 fr. et 57 fr. 10 c.

— — plus de 50,500 mètres, pas plus de 60,500, 65 fr. et 70 fr. 70 c.

— — plus de 60,500 mètres, pas plus de 70,500, 78 fr. et 84 fr. 40 c.

— — plus de 70,500 mètres, pas plus de 80,500, 91 fr. et 98 fr.

— — plus de 80,500 mètres, pas plus de 90,500, 117 fr. et 125 fr. 20 c.

— — plus de 90,500 mètres, pas plus de 100,500, 130 fr. et 139 fr.

— — plus de 100,500 mètres, pas plus de 110,500, 156 fr. et 166 fr. 30 c.

— — plus de 110,500 mètres, pas plus de 120,500, 182 fr. et 193 fr. 60 c.

— — plus de 120,500 mètres, pas plus de 130,500, 208 fr. et 220 fr. 90 c.

— — plus de 130,500 mètres, pas plus de 140,500, 260 fr. et 275 fr. 50 c.

— — plus de 140,500 mètres, pas plus de 170,500, 325 fr. et 342 fr. 50 c.

— — plus de 170,500 mètres, 390 fr. et 407 fr. 50 c.

— retors, en deux bouts, blanchis, mesurant au kilog, 20,500 mèt. ou moins, 22 fr. 40 c. et 24 fr. 60 c.

— — plus de 20,500 mètres, pas plus de 30,500, 29 fr. 90 c. et 32 fr. 80 c.

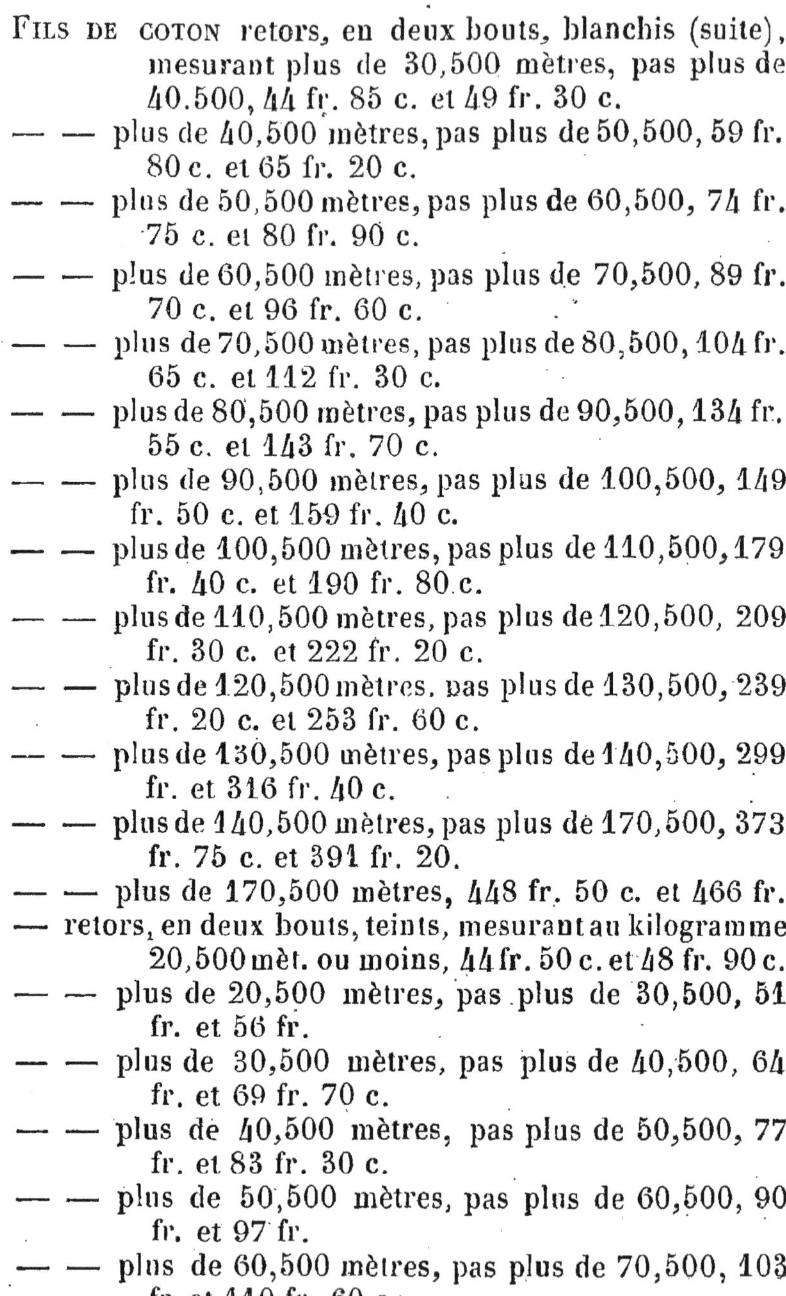

FILS DE COTON retors, en deux bouts, blanchis (suite), mesurant plus de 30,500 mètres, pas plus de 40.500, 44 fr. 85 c. et 49 fr. 30 c.

— — plus de 40,500 mètres, pas plus de 50,500, 59 fr. 80 c. et 65 fr. 20 c.

— — plus de 50,500 mètres, pas plus de 60,500, 74 fr. 75 c. et 80 fr. 90 c.

— — plus de 60,500 mètres, pas plus de 70,500, 89 fr. 70 c. et 96 fr. 60 c.

— — plus de 70,500 mètres, pas plus de 80,500, 104 fr. 65 c. et 112 fr. 30 c.

— — plus de 80,500 mètres, pas plus de 90,500, 134 fr. 55 c. et 143 fr. 70 c.

— — plus de 90,500 mètres, pas plus de 100,500, 149 fr. 50 c. et 159 fr. 40 c.

— — plus de 100,500 mètres, pas plus de 110,500, 179 fr. 40 c. et 190 fr. 80 c.

— — plus de 110,500 mètres, pas plus de 120,500, 209 fr. 30 c. et 222 fr. 20 c.

— — plus de 120,500 mètres, pas plus de 130,500, 239 fr. 20 c. et 253 fr. 60 c.

— — plus de 130,500 mètres, pas plus de 140,500, 299 fr. et 316 fr. 40 c.

— — plus de 140,500 mètres, pas plus de 170,500, 373 fr. 75 c. et 391 fr. 20.

— — plus de 170,500 mètres, 448 fr. 50 c. et 466 fr.

— retors, en deux bouts, teints, mesurant au kilogramme 20,500 mèt. ou moins, 44 fr. 50 c. et 48 fr. 90 c.

— — plus de 20,500 mètres, pas plus de 30,500, 51 fr. et 56 fr.

— — plus de 30,500 mètres, pas plus de 40,500, 64 fr. et 69 fr. 70 c.

— — plus de 40,500 mètres, pas plus de 50,500, 77 fr. et 83 fr. 30 c.

— — plus de 50,500 mètres, pas plus de 60,500, 90 fr. et 97 fr.

— — plus de 60,500 mètres, pas plus de 70,500, 103 fr. et 110 fr. 60 c.

Fils de coton retors, en deux bouts, teints (suite), mesurant plus de 70,500 mètres, pas plus de 80,500, 116 fr. et 124 fr. 30 c.

— — plus de 80,500 mètres, pas plus de 90,500, 142 fr. et 151 fr. 60 c.

— — plus de 90,500 mètres, pas plus de 100,500, 155 fr. et 165 fr. 20 c.

— — plus de 100,500 mètres, pas plus de 110,500, 181 fr. et 192 fr. 50 c.

— — plus de 110,500 mètres, pas plus de 120,500, 207 fr. et 219 fr. 80 c.

— — plus de 120,500 mètres, pas plus de 130,500, 233 fr. et 247 fr. 10 c.

— — plus de 130,500 mètres, pas plus de 140,500, 285 fr. et 301 fr. 70 c.

— — plus de 140,500 mètres, pas plus de 170,500, 350 fr. et 367 fr. 50 c..

— — plus de 170,500 mètres, 415 fr. et 432 fr 50 c.

— retors en trois bouts ou plus, écrus, blanchis ou teints, à simple torsion, 6 cent. les 1000 mètres de longueur.

— — à plusieurs torsions ou câblés, 12 c. les 1000 mètres de longueur.

— — ourdis en chaîne, écrus blanchis ou teints : mêmes droits que les fils de coton retors en deux bouts, selon l'espèce et le degré de finesse.

— — mélangé, le coton dominant en poids : mêmes droits que les fils de coton pur.

Fils de laine pure, simples, blanchis ou non, mesurant au kil., 30,500 mètres ou moins, 25 fr. et 27 fr. 50 c.

— — plus de 30,500 mètres, pas plus de 40,500, 35 fr. et 38 fr. 50. c.

— — plus de 40,500 mètres, pas plus de 50,500, 45 fr. et 49 fr. 50 c.

— — plus de 50,500 mètres, pas plus de 60,500, 55 fr. et 60 fr. 20 c.

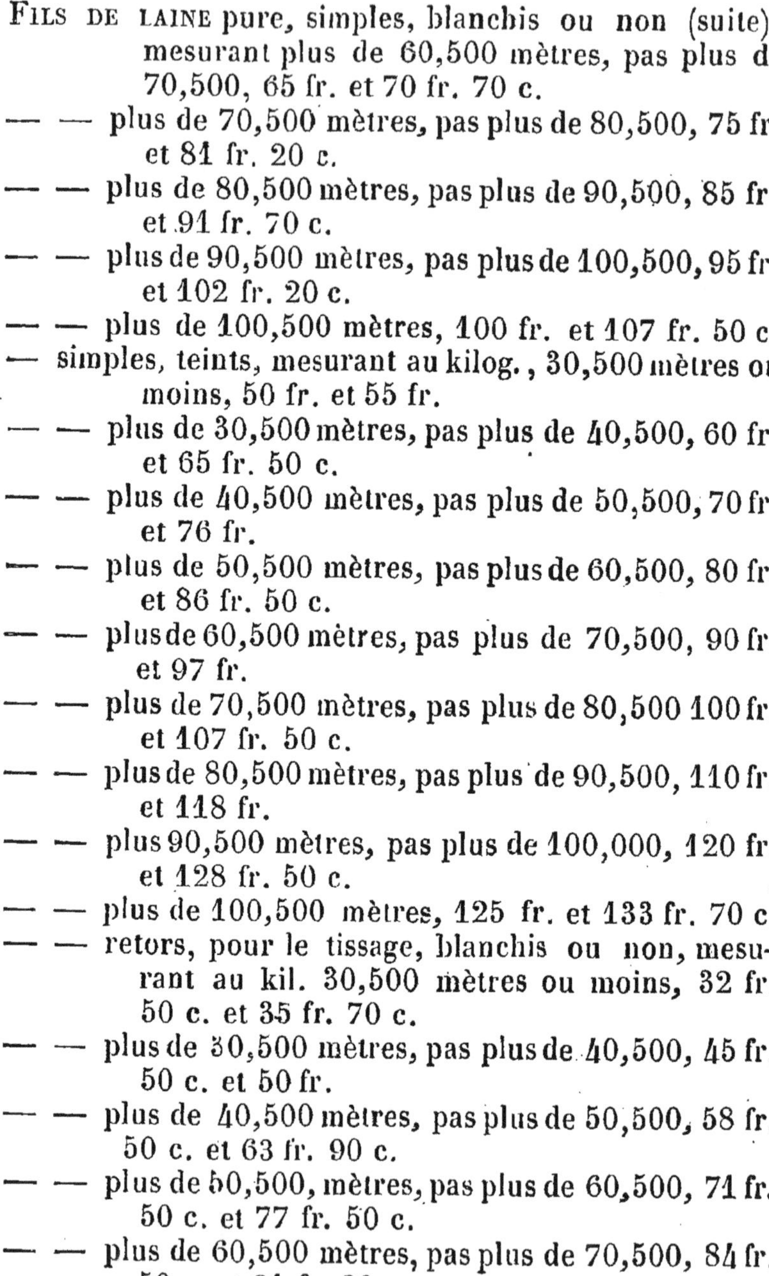

Fils de laine pure, simples, blanchis ou non (suite), mesurant plus de 60,500 mètres, pas plus de 70,500, 65 fr. et 70 fr. 70 c.

— — plus de 70,500 mètres, pas plus de 80,500, 75 fr. et 81 fr. 20 c.

— — plus de 80,500 mètres, pas plus de 90,500, 85 fr. et 91 fr. 70 c.

— — plus de 90,500 mètres, pas plus de 100,500, 95 fr. et 102 fr. 20 c.

— — plus de 100,500 mètres, 100 fr. et 107 fr. 50 c.

— simples, teints, mesurant au kilog., 30,500 mètres ou moins, 50 fr. et 55 fr.

— — plus de 30,500 mètres, pas plus de 40,500, 60 fr. et 65 fr. 50 c.

— — plus de 40,500 mètres, pas plus de 50,500, 70 fr. et 76 fr.

— — plus de 50,500 mètres, pas plus de 60,500, 80 fr. et 86 fr. 50 c.

— — plus de 60,500 mètres, pas plus de 70,500, 90 fr. et 97 fr.

— — plus de 70,500 mètres, pas plus de 80,500 100 fr. et 107 fr. 50 c.

— — plus de 80,500 mètres, pas plus de 90,500, 110 fr. et 118 fr.

— — plus 90,500 mètres, pas plus de 100,000, 120 fr. et 128 fr. 50 c.

— — plus de 100,500 mètres, 125 fr. et 133 fr. 70 c.

— — retors, pour le tissage, blanchis ou non, mesurant au kil. 30,500 mètres ou moins, 32 fr. 50 c. et 35 fr. 70 c.

— — plus de 30,500 mètres, pas plus de 40,500, 45 fr. 50 c. et 50 fr.

— — plus de 40,500 mètres, pas plus de 50,500, 58 fr. 50 c. et 63 fr. 90 c.

— — plus de 50,500, mètres, pas plus de 60,500, 71 fr. 50 c. et 77 fr. 50 c.

— — plus de 60,500 mètres, pas plus de 70,500, 84 fr. 50 c. et 91 fr. 20 c.

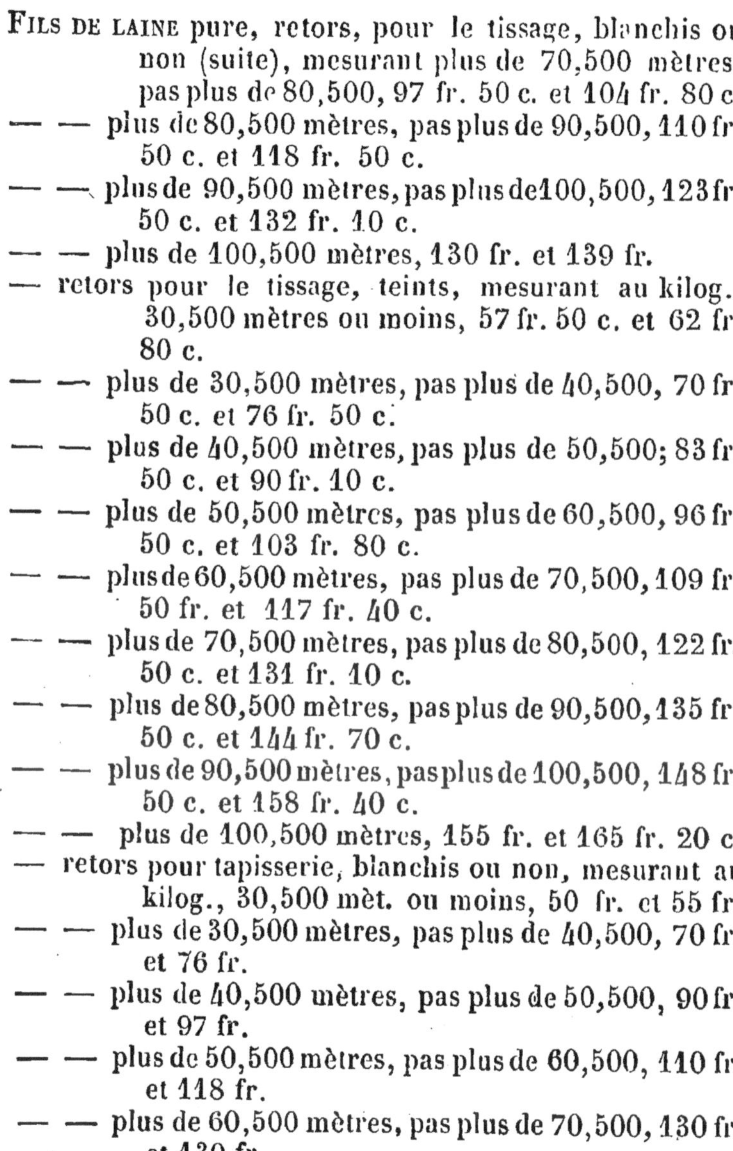

Fils de laine pure, retors, pour le tissage, blanchis ou non (suite), mesurant plus de 70,500 mètres, pas plus de 80,500, 97 fr. 50 c. et 104 fr. 80 c.

— — plus de 80,500 mètres, pas plus de 90,500, 110 fr. 50 c. et 118 fr. 50 c.

— — plus de 90,500 mètres, pas plus de 100,500, 123 fr. 50 c. et 132 fr. 10 c.

— — plus de 100,500 mètres, 130 fr. et 139 fr.

— retors pour le tissage, teints, mesurant au kilog., 30,500 mètres ou moins, 57 fr. 50 c. et 62 fr. 80 c.

— — plus de 30,500 mètres, pas plus de 40,500, 70 fr. 50 c. et 76 fr. 50 c.

— — plus de 40,500 mètres, pas plus de 50,500; 83 fr. 50 c. et 90 fr. 10 c.

— — plus de 50,500 mètres, pas plus de 60,500, 96 fr. 50 c. et 103 fr. 80 c.

— — plus de 60,500 mètres, pas plus de 70,500, 109 fr. 50 fr. et 117 fr. 40 c.

— — plus de 70,500 mètres, pas plus de 80,500, 122 fr. 50 c. et 131 fr. 10 c.

— — plus de 80,500 mètres, pas plus de 90,500, 135 fr. 50 c. et 144 fr. 70 c.

— — plus de 90,500 mètres, pas plus de 100,500, 148 fr. 50 c. et 158 fr. 40 c.

— — plus de 100,500 mètres, 155 fr. et 165 fr. 20 c.

— retors pour tapisserie, blanchis ou non, mesurant au kilog., 30,500 mèt. ou moins, 50 fr. et 55 fr.

— — plus de 30,500 mètres, pas plus de 40,500, 70 fr. et 76 fr.

— — plus de 40,500 mètres, pas plus de 50,500, 90 fr. et 97 fr.

— — plus de 50,500 mètres, pas plus de 60,500, 110 fr. et 118 fr.

— — plus de 60,500 mètres, pas plus de 70,500, 130 fr. et 139 fr.

— — plus de 70,500 mètres, pas plus de 80,500, 150 fr. et 160 fr.

Fils de laine pure, retors pour tapisserie, blanchis ou non (suite), plus de 80,500 mètres, pas plus de 90,500, 170 fr. et 181 fr.

— — plus de 90,500 mètres, pas plus de 100,500, 190 fr. et 202 fr.

— — plus de 100,500 mètres, 200 fr et 212 fr.

— retors, pour tapisserie, teints, mesurant au kilog., 30,500 mètres ou moins, 75 fr. et 81 fr. 20 c.

— — plus de 30,500 mètres, pas plus de 40,500, 95 fr. et 102 fr. 20 c.

— — plus de 40,500 mètres, pas plus de 50,500, 115 fr. et 123 fr. 20 c.

— — plus de 50,500, mètres, pas plus de 60,500, 135 fr. et 144 fr. 20 c.

— — plus de 60,500 mètres, pas plus de 70,500, 155 fr. et 165 fr. 20 cent.

— — plus de 70,500 mètres, pas plus de 80,500, 175 fr. et 186 fr. 20 c.

— — plus de 80,500 mètres; pas plus de 90,500, 195 fr. et 207 fr. 20 c.

— — plus de 90,500 mètres; pas plus 100,500, 215 fr. et 228 fr. 20 c.

— — plus de 100,500 mètres, 225 fr. et 238 fr. 70 c.

— mélangée, la laine dominant en poids : mêmes droits que les fils de laine pure.

Fils d'alpaga, de lama et de vigogne, purs, mélangés de laine, quelle que soit la proportion du mélange, ou mélangés d'autres filaments quelconques, la laine d'alpaga, de lama et de vigogne dominant en poids : mêmes droits que les fils de laine pure.

Fils de poils de chèvre, 24 fr. et 24 fr. 40 c. les 100 kil.

— de chameau pur ou mélangé de laine, quelle que soit la proportion du mélange, ou mélangé d'autres filaments quelconques, le poil de chameau dominant en poids : mêmes droits que les fils de laine.

— Autres, exempts et 25 c. les 100 kil.

Fleurs artificielles, exemptes, et 25 c. les 100 kil.

FROMAGES de pâte dure, 10 et 11 fr. les 100 kil. B.; — de pâte molle, 3 fr. et 3 fr. 30 c. les 100 kil. B.

FRUITS à distiller, anis vert, 2 fr. et 2 fr. 25 c. les 100 kil.; — autres qu'anis, exempts par nav. fr. ou assimilé et par terre, et 1 fr. 10 c. par nav. étr.

— oléagineux, exempts et 25 c. les 100 kil.

GARANCINE, exempte, et 25 c. les 100 kil.

GRAINES à ensemencer, exemptes.

GRAINES oléagineuses, exemptes et 25 c. les 100 kil.

GRAISSES animales de toutes sortes, exemptes et 25 c. les 100 kil.

— de poisson, 8 fr. les 100 kil.

GRAPHITE ou plombagine, exempte.

GRAVURES, lithographies, photographies et dessins de toutes sortes sur papier, exempts, et 25 c. les 100 kil.

HAMEÇONS de toute espèce, 50 fr. et 55 fr.

HERBES, FLEURS, FEUILLES et écorces médicinales (absinthe, gui de chêne, feuilles d'oranger et de lierre, barbotine ou semencine, capillaires, fleurs de lavande et d'oranger mêmes salées et écorces de citron, d'orange et de leurs variétés, exemptes; — non dénommées, écorces de quinquina comprises, 2 fr. et 2 fr. 25 c. les 100 kil.

HOMARDS, de toute pêche, exempts.

HORLOGERIE, ouvrages montés, horloges en bois et autres, 5 0/0 de la valeur; — fournitures d'horlogerie 100 fr. et 107 fr. 50 c.

HOUBLON, 20 fr. et 22 fr. les 100 kil.

HOUILLE, crue ou carbonisée, coke, par mer 15 c. les 100 kil., par nav. fr. ou assimilé, et 65 c. par nav. étr.; — par terre et par la rivière la Meuse et le département de la Moselle, 10 c. les kil., et par tous autres points, 15 c.; — cendres de houille, 1 c. les 100 kil. Le double décime n'est pas compris dans ces quotités; — essence de houille, 5 0/0 de la valeur.

HUILES fixes, pures, 6 fr. et 6 fr. 60 c. les 100 kil.

HUITRES fraîches, 1 fr. 50 c. et 5 fr. le mille en nombre ; — marinées de toute pêche, 6 fr. et 6 fr. 60 c. les 100 kilos.

INSTRUMENTS de chimie et de chirurgie, exempts, et 25 c. les 100 kil.

— d'optique, de calcul, d'observation et de précision, — *idem.*

INSTRUMENTS de musique et pièces détachées, 10 0/0 de la valeur.

IODE, exempt, et 25 c. les 100 kil.

IODURE de potassium, exempt et 25 c. les 100 kil.

IRIS de Florence, ouvré, 10 0/0 de la valeur.

JONCS et roseaux exotiques, venant des pays hors d'Europe, par nav. fr. ou assimilé, exempts ; dans tout autre cas, 2 fr. les 100 kil. ; — d'Europe, exempts par nav. fr. ou angl., et 25 c. par nav. tiers.

JUS de réglisse, 12 fr. et 13 fr. 20 c. les 100 kil.

JUS de citron, exempt et 25 c. les 100 kil.

JUTE. Voy. végétaux, fils et tissus.

KERMÈS animal, exempt.

LAINES en masse, d'Australie, exemptes et 3 fr. 60 c. les 100 kil. ; — d'Angleterre ou de Belgique, exemptes et 25 c. ; — autres que celles d'Angleterre ou de Belgique et d'Australie, exemptes et 3 fr. 60 c. lorsqu'elles viennent des pays hors d'Europe ou du crû des pays d'Europe ; et 3 fr. 60 c. sous tous pavillons et par terre, lorsqu'elles viennent d'ailleurs ; — peignées et teintes, d'Angleterre ou de Belgique, 25 fr. et 27 fr. 50 c. les 100 kil. ; — autres que celles d'Angleterre ou de Belgique, peignées, 84 fr. et 96 fr. les 100 kil. et teintes 120 et 138 fr.

LAIT, exempt.

LAQUE en teinture ou en trochisques, exempte et 25 c. les 100 kil.

LÉGUMES salés ou confits, 3 fr. et 3 fr. 30 les 100 kil.

LIÉGE brut et râpé de toute sorte, exempt et 25 c. les 100 kil.

— ouvré (bouchons, etc.), 10 0/0 de la valeur.

LIN. (Voy. *Végétaux filamenteux*).

LIQUEURS, 15 fr. l'hectolitre de liquide.

LIVRES en langue française, en langues mortes ou étrangères, exempts, et 25 c. les 100 kil.

MACHINES et MÉCANIQUES : appareils complets à vapeur fixes, avec ou sans chaudières, avec ou sans volants, 10 fr. et 11 fr., et en 1864, 6 fr. et 6 fr. 60 c. les 100 kil. N.

— — pour la navigation, avec ou sans chaudières, 20 fr. et 22 fr., et en 1864, 12 fr. et 13 fr. 20 c.

— — locomotives ou locomobiles, 15 fr. et 16 fr. 50 c., et en 1864, 10 fr. et 11 fr.

— appareils complets autres qu'à vapeur, tenders de machines locomotives, 10 fr. et 11 fr., et en 1864, 8 fr. et 8 fr. 80 c.

— — pour la filature, 15 fr. et 16 fr. 50 c., et en 1864, 10 fr. et 11 fr.

— — à nettoyer et ouvrir la laine, le lin, le coton et autres matières textiles, 9 fr. et 9 fr. 90, et en 1864, 6 fr. et 6 fr. 60 c. les 100 kil. N.

— — pour le tissage, 9 fr. et 9 fr. 90 c., et en 1864, 6 fr. et 6 fr. 60 c.

— — à fabriquer le papier, 9 fr. et 90 c., et en 1864, 6 fr. et 6 fr. 60 c.

— — à imprimer, 9 fr. et 9 fr. 90 c., et en 1864, 6 fr. et 6 fr. 60 c.

— — pour l'agriculture, 9 fr. et 9 fr. 90 c., et en 1864, 6 fr. et 6 fr. 60 c.

— — à bouter les plaques et rubans de cardes, 9 fr. et et 9 fr. 90 c., et en 1864, 6 fr. et 6 fr. 60 c.

— — métiers à tulle, 15 fr. et 16 fr. 50 c., et en 1864, 10 fr. et 11 fr.

— — à sucre, à distiller, de chauffage, en cuivre, 15 fr. et 16 fr. 50 c., et en 1864, 10 fr. et 11 fr.

— — cardes non garnies, 15 fr. et 16 fr. 50 c., et en 1864, 10 fr. et 11 fr.

— Chaudières à vapeur, en tôle de fer, cylindriques ou sphériques, avec ou sans bouilleurs ou réchauffeurs, 10 fr. et 11 fr . et en 1864, 8 fr. et 8 fr. 80 c. les 100 kil. N.

Machines et Mécaniques (suite). Chaudières tubulaires en tôle de fer, à tubes en fer, cuivre ou laiton étirés ou en tôle clouée, à foyers intérieurs, et toutes autres chaudières de forme non cylindrique ou sphérique simple, 15 fr. et 16 fr. 50 c., et en 1864, 12 fr. et 13 fr. 20 c.

— — en tôle d'acier, de toute forme, 30 fr. et 33 fr., et en 1864, 25 fr. et 27 fr. 50 c.

— Gazomètres, chaudières découvertes, poêles et calorifères en tôles, ou en fonte et tôle, 10 fr. et 11 fr., et en 1864, 8 fr. et 8 fr. 80 c. les 100 kil. N.

— Machines-outils et machines non dénommées, contenant en fonte 75 0/0 et plus, 9 fr. et 9 fr. 90 c., et en 1864, 6 fr. et 6 fr. 60 c.

— — 50 à 75 0/0 exclusivement, 15 fr. et 16 50 c., et en 1864, 10 fr. et 11 fr.

— — moins de 50 0/0, 20 fr. et 22 fr., et en 1864, 15 fr. et 16 fr. 50 c.

— Pièces détachées, plaques et rubans de cardes sur cuir, sur caoutchouc ou sur tissus purs ou mélangés, 60 fr. et 65 fr. 50 c., et en 1864, 50 fr. et 55 fr. les 100 kil. N.

— Dents de rots en fer ou en cuivre, 30 fr. et 33 fr. les 100 kil.

— Rots, ferrures ou peignes à tisser à dents de fer ou de cuivre, 50 fr. et 55 fr., et en 1864, 30 fr. et 33 fr..

— Pièces en fonte, polies, limées et ajustées, 9 fr. et 9 fr. 90 c., et en 1864, 6 fr. et 6 fr. 60 c. les 100 kil. N.

— Pièces en fer forgé, polies, limées et ajustées ou non, quel que soit leur poids (y compris les essieux, ressorts et bandages de roues), 15 fr. et 16 fr. 50 c., et en 1864, 10 fr. et 11 fr.

— Ressorts en acier pour carrosserie, wagons et locomotives, 17 fr. et 18 fr. 70 c., et en 1864, 15 fr. et 16 fr. 50 c.

MACHINES et MÉCANIQUES (suite). Pièces en acier, polies, limées, ajustées ou non, pesant plus d'un kilogramme, 30 fr. et 33 fr., et en 1864, 25 fr. et 27 fr. 50 c.

— — un kilogramme ou moins, 40 fr. et 44 fr., et en 1864, 35 fr. et 38 fr. 50 c.

— Pièces en cuivre pur ou allié de tous autres métaux, 25 fr. et 27 fr. 50 c., et en 1864, 20 fr. et 22 fr.

— Plaques et rubans de cuir, de caoutchouc et de tissus spécialement destinés pour cardes, 20 fr. et 22 fr. les 100 kil.

MANGANÈSE, minerai, exempt et 25 c. les 100 kil.

MARBRES, de toute sorte, bruts ou équarris et sciés à à 16 centimètres et plus d'épaisseur, 1 fr. et 1 fr. 25 c. les 100 kil ;—sciés à moins de 16 centimètres, 1 fr. 50 c. et 1 fr. 75 c. ; — sculptés, moulés ou polis (statues modernes), exempts et 25 c. ; — (autres) 1 fr. 50 et 1 fr. 75 c.

MATÉRIAUX, chaux de toute sorte et plâtre brut ou préparé, exempts.

— Ardoises de construction brutes, exemptes, et 25 c. les 100 kil.

— — pour toiture, le mille en n. 4 fr.

— — en carreaux ou en tables, le cent en n. 10 fr.

— Briques, tuiles plates, bombées et faîtières ; — carreaux de terre (poterie grosssière); — pierres de construction, brutes, exemptes, et 25 c. les 100 kil.

MAURELLE (loques et chiffons imprégnés de couleur blanche) exempte.

MÉDICAMENTS composés, extrait de quinquina et kermès, minéral, 2 fr. et 2 fr. 20 c. les 100 kil ; autres, non dénommés, prohibés à moins d'autorisation exceptionnelle.

MÉLASSES pour la distillation, exemptes, et 25 c. les 100 kil. ; — pour toute autre destination, ayant de richesse saccharine moins de 50 0/0, 11 fr. et 12 fr. 10 c. les 100 kil.; plus de 50 0/0, droit du sucre brut. (Voy. ce mot.)

MERCERIE de toute sorte, 10 0/0 de la valeur.

MERCURE natif, exempt et 25 c. les 100 kil.

MEUBLES, 10 0/0 de la valeur.

MEULES, exemptes.

MIEL, exempt.

MINERAIS non dénommés, exempts.

MODES (ouvrages de), exemptes et 25 c. les 100 kil.

MOULES et autres coquillages pleins, de toute pêche, exempts.

MUSC, 2 fr. et 2 fr. 20 c. les 100 kil.

MUSIQUE gravée, exempte et 25 c. les 100 kil.

NICKEL (minerai de), exempt; — speiss, pur ou allié d'autres métaux (argentan), en lingots ou masses brutes, exempts, et 25 c. les 100 kil.; — battu, laminé ou étiré, 15 fr. et 16 fr. 50 c. les 100 kil. N, et en 1864, 10 fr. et 11 fr. les 100 kil. B.

NITRATE de potasse et de soude, exempt et 25 c. les 100 kil.

NOIR d'os, exempt.

OBJETS de collection hors de commerce, exempts.

OR, battu en feuille, 50 fr. et 55 fr. le kil.

OREILLONS, exempts.

ORFÉVRERIE et bijouterie en or, argent, platine ou autres métaux, 500 fr. et 517 fr. 50 c. les 100 kil.

ORSEILLE de toute sorte, 5 0/0 de la valeur.

OS ET SABOTS de bétail, bruts ou calcinés à blanc, exempts, et 25 c. les 100 kil.

OUTILS en fer pur, emmanchés ou non, 12 fr. et 13 fr. 20 c. les 100 kil. N. et en 1864, 10 fr. et 11 fr. les 100 kil. B; — en fer rechargé d'acier, emmanchés ou non, 18 fr. et 19 fr. 80 c., 15 fr. et 16 fr. 50; — en acier pur (faux, faucilles, limes, scies circulaires ou droites, et autres non dénommées), 40 fr. et 44 fr., 32 fr. et 35 fr. 20.

OUTREMER, 21 fr. 75 c. et 23 fr. 90 c. les 100 kil.

Ouvrages en bois, futailles vides montées ou démontées, cerclées en bois, 100 kil., exemptes, 25 c.; — cerclées en fer, la valeur 10 0/0.; — balais communs, exempts.; — avirons; — pelles, fourches et râteaux en bois;— plats, cuillers, écuelles et autres articles de ménage en bois; — manches d'outils en bois, avec ou sans virole; — pièces de bois, brutes ou façonnées, de charpente et de charronnage, exempts, et 25 c. les 100 kil.; — boîtes de bois blanc et autres ouvrages en bois, 10 0/0 de la valeur.

Ouvrages en fonte moulée, non tournés ni polis, coussinets de chemins de fer, plaques ou autres pièces coulées à découvert, 3 fr. 50 c. et 3 fr. 80 c., et en 1864, 3 fr. et 3 fr. 30 c. les 100 kil. B.

— Tuyaux cylindriques droits, poutrelles et colonnes pleines ou creuses, cornues pour la fabrication du gaz, barreaux pleins et leurs assemblages, grilles et plaques de foyers, arbres de transmission, bâtis de machines et autres objets sans ornements ni ajustages, 4 fr. 25 c. et 4 fr. 60 c., et en 1864, 3 fr. 75 c. et 4 fr. 10 c.

— Poterie et tous autres ouvrages non désignés dans les deux classes précédentes, 5 fr. et 5 fr. 50 c., et en 1864, 4 fr. 50 c. et 4 fr. 90 c.

— polis ou tournés, 9 fr. et 9 fr. 90 c., et en 1864, 6 fr. et 6 fr. 60 c.

— étamés, émaillés ou vernissés, 12 fr. et 13 fr. 20 c. les 100 kil. N, et en 1864, 10 fr. et 11 fr. les 100 kil. B.

Ouvrages en fer. — Ferronnerie (pièces de charpente, courbes et solives pour navires, ferrures de charrettes et wagons, gonds, pentures, gros verrous, équerres et autres gros ferrements de portes ou de croisées, non tournés ni polis; grilles en fer plein, lits, siéges et meubles de jardin ou autres, avec ou sans ornements accessoires en fonte, cuivre ou acier), 9 fr. et 9 fr. 90 c., et en 1864, 8 fr. et 8 fr. 80 c. les 100 kil. B.

OUVRAGES EN FER (suite). — Serrurerie (serrures et cadenas en fer de toute sorte, fiches et charnières en tôle, loquets, targettes et tous autres objets en fer ou tôle, tournés, polis ou limés pour ferrures de meubles, portes et croisées), 15 fr. et 16 fr. 50 c., et en 1864, 12 fr. et 13 fr. 20 c. les 100 kil. N.

— Clous forgés à la mécanique, 10 fr. et 11 fr., et en 1864, 8 fr. et 8 fr. 80 c. les 100 kil. B.

— — à la main, 15 fr. et 16 fr. 50 c., et en 1864, 12 fr. et 13 fr. 20 c. les 100 kil. N.

— Vis à bois, boulons et écrous, 10 fr. et 11 fr., et en 1864, 8 fr. et 8 fr. 80 c. les 100 kil. B.

— Tubes en fer étirés, soudés par simple rapprochement et ayant intérieurement un diamètre de 9 millim. ou plus, 13 fr. et 14 fr. 30 c., en en 1864, 11 fr. et 12 fr. 10 c. les 100 kil. N.

— — de moins de 9 millim., 25 fr. et 27 50, et en 1864, 20 fr. et 22 fr.

— — étirés, soudés sur mandrin et à recouvrement, 25 fr. et 27 fr. 50 c., et en 1864, 20 fr. et 22 fr.

— — raccords de toute espèce, 25 fr. et 27 fr. 50 c., et en 1864, 20 fr. et 22 fr.

— Articles de ménage et autres ouvrages non dénommés, en fer ou en tôle, polis ou peints, 17 fr. et 18 fr. 70 c., 14 fr. et 15 fr. 40 c.

— — étamés, émaillés ou vernissés, 20 fr. et 22 fr., 16 fr. et 17 fr. 60 c.

OUVRAGES EN ACIER. — Petits objets en acier, tels que perles, coulants, broches et dés à coudre, 25 fr. et 27 fr. 50 c., et en 1864, 20 fr. et 22 fr. les 100 kil.

— Articles de ménage et autres ouvrages en acier pur, non dénommés, 40 fr. et 44 fr., et en 1864, 32 fr. et 35 fr. 20 c.

Ouvrages en divers autres métaux. — Objets en fonte et fer non polis, le poids du fer étant inférieur à la moitié du poids total, 5 fr. et 5 fr. 50 c., et en 1864, 4 fr. 50 c. et 4 fr. 90 c. les 100 kil.

— — égal ou supérieur à la moitié du poids total, 10 et 11 fr., et en 1864, 8 fr. et 8 fr. 80 c.

— Objets en fonte et fer, polis, émaillés ou vernissés, même avec ornements accessoires en fer, cuivre, laiton ou acier, 15 fr. et 16 fr. 50 c., et en 1864, 12 fr. et 13 fr. 20 c. les 100 kil.

— Chaudronnerie, 25 fr. et 27 fr. 50 c., et en 1864, 20 fr. et 22 fr.

— Objets d'art et d'ornement, et tous autres ouvrages en cuivre pur ou allié de zinc ou d'étain, 25 fr. et 27 fr. 50, et en 1864, 20 fr. et 22 fr.

— Ouvrages en zinc de toute espèce, 10 fr. et 11 fr., et en 1864, 8 fr. et 8 fr. 80 c. les 100 kil. B.

— Tuyaux et autres ouvrages en plomb de toute sorte, 5 fr. et 5 fr. 50 c., et en 1864, 3 fr. et 3 fr. 30 c.

— Poterie et autres ouvrages en étain pur ou allié d'antimoine, 30 fr. et 33 fr. les 100 kil.

— Ouvrages en nickel allié au cuivre ou au zinc (argentan), 100 fr. et 107 fr. 50 c.

— Ouvrages dorés ou argentés, soit au mercure, soit par les procédés électro-chimiques, 100 fr. et 107 fr. 50 c.

— Statues en métal de grandeur naturelle au moins, exemptes et 25 c. les 100 kil.

Ouvrages en caoutchouc ou en gutta-percha pur ou mélangé, 20 fr. et 22 fr.

— appliqué sur les tissus en pièces ou sur d'autres matières, 100 fr. et 107 fr. 50 c.

— en tissus élastiques (pièces de toutes dimensions), 200 fr. et 212 fr. 50 c.

— Chaussures, 60 fr. et 65 fr. 50 c.

— Vêtements confectionnés, 120 fr. et 128 fr. 50 c.

OUVRAGES EN CRINS ou en poils de vache, purs ou mélangés, 10 0/0 de la valeur.

OUVRAGES EN PEAU ou en cuir de toute espèce, 10 0/0 de la valeur.

OXALATE DE POTASSE, 15 fr. et 16 fr. 50 c. les 100 kil. N., et en 1864, 10 fr. et 11 fr. les 100 kil B.

OXYDES de fer, exempts, et 25 c. les 100 kil. B.
— d'étain, exempts.
— de plomb, de zinc, blanc de zinc, 5 fr. et 5 fr. 50 c. et en 1864, 2 fr. et 2 fr. 25 c.
— gris, d'urane et de cuivre, exempts.

PAPIER de toute sorte, 10 fr. et 11 fr. les 100 kil. B, et en 1864, 8 fr. et 8 fr. 80 c.

PARAPLUIES ET PARASOLS, 10 0/0 de la valeur.

PARFUMERIES alcooliques, l'hectolitre d'alcool pur, 20 fr. et en 1864, 15 fr.
— autres, eaux de senteur sans alcool, vinaigres parfumés, et pâtes liquides ou en pains, 10 fr. et 11 fr. les 100 kil. B.
— savons, 6 fr. et 6 fr. 60 c.
— poudres à poudrer et de senteur, de chypre et non dénommées; — pommades de toute sorte; — fard blanc ou rouge, 10 fr. et 11 fr. les 100 kil. B.
— pastilles odorantes à brûler, 9 fr. 60 c. et 11 fr. les 100 kil. B.

PEAUX de chien de mer, brutes, fraîches ou sèches, 2 fr. les 100 kil.
— de phoque, brutes, exemptes.
— autres, brutes, fraîches ou sèches, grandes ou petites, d'Angleterre, exemptes, et 25 c. les 100 kil. B.
— autres que celles d'Angleterre, 3 fr. les 100 kil. B.
— préparées, d'agneau et de chevreau en poil, en confit, le cent en nombre, 2 fr. 50 c., décimes non compris.
— — mégies, le cent en nombre, 3 fr., décimes non compris.

PEAUX (suite). — Parchemin et vélin, bruts, 1 fr. et 1 fr. 10 c., décimes non compris.

— — achevés, 15 fr. et 16 fr. 50 c. les 100 kil. N.

— vernies, teintes ou maroquinées, 100 fr. et 107 fr. 50 c.

— autres, de toute espèce, 15 fr. et 16 fr. 50 c.

PHOSPHATES naturels, exempts, et 25 c. les 100 kil.

PHOSPHORE blanc, 40 fr. et 44 fr. les 100 kil N.

— rouge, 10 0/0 de la valeur.

PIERRES gemmes, de toute sorte (diamants et autres), brutes ou taillées, exemptes.

— ouvrées, y compris les pierres d'ardoise, taillées ou sciées, sculptées ou polies (statues), exemptes, et 25 c. les 100 kil. ; — autres que statues, 50 c. et 75 c.

— à aiguiser, brutes ou taillées, exemptes, et 25 c.

PLANCHES gravées pour impression sur papier, 10 fr. et 11 fr. les 100 kil. B, et en 1864, 8 fr. et 8 fr. 80 c.

PLANTES alcalines, exemptes, et 10 c. les 100 kil., non compris le double décime.

PLAQUÉS sans distinction de titre, 100 fr. et 107 fr. 50 c. les 100 kil.

PLOMB (minerai de), exempt.

— Scories de toute sorte, exemptes, et 25 c. les 100 kil.

— en masses brutes, saumons, barres ou plaques, 3 fr. et 3 fr. 30 c., et en 1864, exempt, et 25 c.

— laminé, 5 fr. et 5 fr. 50 c., et en 1864, 3 fr. et 3 fr. 30 c.

— allié d'antimoine, en masses, 5 fr. et 5 fr. 50 c., et en 1864, 3 fr. et 3 fr. 30 c.

— Débris de vieux ouvrages en plomb, exempts, et 25 cent.

— Limailles, exemptes, et 25 cent.

PLUMES de parure, de toute sorte, exemptes.

— à écrire, brutes ou apprêtées, exemptes.

— à lit, de toute sorte (duvet et autres), 50 fr. et 55 fr. les 100 kil.

PLUMES (suite). — en métal, autre que l'or et l'argent, 100 fr. et 107 fr. 50 c. les 100 kil.

POILS de toute sorte, bruts, exempts.

— peignés d'Angleterre, 10 fr. et 11 fr. les 100 kil. B.

— autres que d'Angleterre, 12 fr. et 12 fr. 20 c.

POISSONS d'eau douce frais, exempts.

— préparés et poissons de mer frais, secs, salés ou fumés, à l'exclusion de la morue, 10 fr. et 11 fr. les 100 kil. B.

POMMES de terre, exemptes.

POTERIE grossière, cornues à gaz, exempte, et 25 c. les 100 kil.

— — creusets de toute sorte (y compris les creusets en graphite ou plombagine), exempts, et 25 c. les 100 kil.

— — Tuyaux de drainage et autres, exempts, et 25 c. les 100 kil.

— — pipes de terre, exemptes, et 25 c. les 100 kil.

— — vernissée avec décorations à reliefs, unicolores et multicolores (platerie et creux), 5 fr. et 5 fr. 50 c. les 100 kil.

— — vernissée ou non, de toutes formes, exempte, et et 25 c. les 100 kil.

— de grès, ustensiles et appareils pour la fabrication des produits chimiques, exempts, et 25 c. les 100 kil.

— — commune de toute sorte (platerie et creux, comprenant la forme bouteille, les carafes, objets de ménage, ustensiles de cuisine, etc.), 4 fr. et 4 fr. 40 c. les 100 kil.

— — fine, 20 0/0, et en 1864, 15 0/0 de la valeur.

— faïence stannifère, pâte colorée, glaçure blanche, exempte, et 25 c. les 100 kil.

— — glaçure colorée, majolique, vernissée, multicolore, 20 0/0, et en 1864, 15 0/0 de la valeur.

— — fine, 20 0/0, et en 1864, 15 0/0 de la valeur.

— porcelaines de toute sorte (blanches ou décorées, parian et biscuit blanc), 10 0/0 de la valeur.

PRODUITS CHIMIQUES non dénommés, 5 0/0 de la valeur.
PRUSSIATE de potasse, jaune, 20 fr. et 22 fr. les 100 kil. N.
— rouge, 30 fr. et 33 fr. les 100 kil.
RACINES DE CHICORÉE, vertes, 25 c. les 100 kil.
— sèches, 1 fr. et 1 fr. 10 c. les 100 kil.
RACINES MÉDICINALES, salsepareille et autres, gingembre compris, 2 fr. et 2 fr. 25 c. les 100 kil. (Pour réglisse. Voy. ce mot.)
RÉGLISSE, racine, exempt, et 2 fr. 40 c, les 100 kil. (*Jus.* Voy. ce mot.)
RÉSINES de toute sorte, même distillées, exemptes, et 25 c. les 100 kil.
SAFRE et autres composés du cobalt, exempts, et 25 c. les 100 kil.
SALIN de betterave, 1 fr. 25 c. et 1 fr. 50 c. les 100 kil.
SARCOCOLLE, kino et autres sucs végétaux desséchés des pays hors d'Europe, exempts, et 2 fr. les 100 kil. ; — des entrepôts, 2 fr. quel que soit le mode d'importation.
SAVONS ordinaires, 6 fr. et 6 fr. 60 c. les 100 kil.
SELS ammoniacaux bruts et raffinés, 5 0/0 de la valeur, plus 10 fr. les 100 kil. B, et 5 0/0 plus 11 fr.
— d'étain, 5 0/0 de la valeur plus 3 fr. par 100 kil. B, et 5 0/0 plus 3 fr. 30 c.
SOIES en cocons, exemptes.
— grèges et moulinées, exemptes, et 25 c. les 100 kil.
— teintes, à coudre, à broder et à dentelles, 300 fr. et 317 fr. 50 c. les 100 kil., et en 1864, exemptes, et 25 c. les 100 kil.
— autres, exemptes et 25 c. les 100 kil.
— (bourre de), en masse, exempte, et 25 c. les 100 kil.
— — peignée, 10 fr. et 11 fr. les 100 kil.
— — filée, simple ou retorse, écrue, blanchie, azurée ou teinte, mesurant au kilogramme 80,500 mètres simples ou moins, 75 fr. et 81 fr. 20 c. les 100 kil. N.
— — mesurant plus de 80,500 mètres simples, 120 fr. et 128 fr. 50 c.

SOUDE de varech, 1 fr. 50 c. et 1 fr. 75 c. les 100 kil.
— caustique, 8 fr. et 8 fr. 80 c., et en 1864, 5 fr. et 5 fr. 50 c.
— artificielle brute, 6 fr. 65 c. et 7 fr. 30 c., et en 1864, 5 fr. 85 c. et 6 fr. 40 c.

SOUFRE, minerai, épuré ou non et sublimé, exempt.

STIL de grain (pâte jaune d'argile et de nerprun des teinturiers), exempt.

STORAX naturel, sec, rouge ou en pains, des pays hors d'Europe, exempt par nav. fr. ou assimilé, et 2 fr. par 100 kil. sous pavillon étr. ou par terre; — des entrepôts, 2 fr. les 100 kil., quel que soit le mode d'importation.

STYRAX liquide, 2 fr. par nav. fr. ou assimilé, et 2 fr. 20 c. les 100 kil. par nav. étr. ou par terre.

SUCRES bruts de betterave, 32 fr. et 35 fr. 20 c. les 100 kil.
— autres, sauf le sucre de lait, venant des Antilles ou de la Guyane, jusqu'au 30 juin 1866, 22 fr., et à partir du 1er juillet 1866, 25 fr. les 100 kil.
— de la Réunion, jusqu'au 30 juin 1864, 19 fr.; jusqu'au 30 juin 1865, 20 fr. 50 c.; jusqu'au 30 juin 1866, 22 fr.; et enfin, à partir du 1er juillet 1866, 25 fr. les 100 kil., indépendamment de la surtaxe d'affrétement à exiger des importions de la Réunion et des Antilles par nav. étr.
— d'ailleurs hors d'Europe, 28 fr. par nav. fr. ou assimilé, et 39 fr. les 100 kil. par navire étranger ou par terre, double décime non compris.
— des entrepôts, 34 fr. et 39 fr., double décime non compris.
— raffinés, 41 fr. et 45 fr. 10 c. les 100 kil.
— de lait, exempt et 25 c. les 100 kil.

SULFATES de potasse et de magnésie, exempts. et 25 c.
— de soude pur, anhydre, 7 fr. 20 c. et 7 fr. 90 c. les 100 kil. B.
— — cristallisé ou hydraté (sel de Glauber), 3 fr.

40 c. et 3 fr. 70 c., et en 1864, 3 fr. 10 c. et 3 fr. 40 c.

SULFATE de soude (suite). — Impur, anhydre, 6 fr. 60 c. et 7 fr. 20 c.

— — cristallisé ou hydraté (sel de Glauber), 3 fr. 10 c. et 3 fr. 40 c., et en 1864, 2 fr. 80 c. et 3 fr. 05 c.

SULFITE de soude, 7 fr. 20 c. et 7 fr. 90 c.

SULFURE d'arsenic, exempt et 25 c. les 100 kil.

TABLETTERIE et ouvrages en ivoire, 10 0/0 de la valeur.

TARTRATES de potasse très-impurs, lies de vin, exempts.

— tous autres, tartre brut, cristaux de tartre, crême de tartre, sel végétal, de Seignette, exempts, et 25 c. les 100 kil.

TISSUS DE COTON PUR, unis, croisés et coutils, écrus, présentant en chaîne et en trame, dans l'espace de 5 millimèt., sur un poids de 11 kil. et plus les 100 mètres carrés : 35 fils ou moins, 50 fr. et 55 fr. les 100 kil.

— — 36 fils et au-dessus, 80 et 86 fr. 50 c.

— sur un poids de 7 à 11 kil. exclusivement les 100 mètres carrés : 35 fils ou moins, 60 fr. et 65 fr. 50 c.

— — 36 à 43 fils inclusivement, 100 fr. et 107 fr. 50 c.

— — 44 fils et au-dessus, 200 fr. et 212 fr. 50 c.

— sur un poids de 3 à 7 kil. exclusivement les 100 mètres carrés, 27 fils ou moins : 80 fr. et 86 fr. 50 c.

— — 28 à 35 fils inclusivement, 120 fr. et 128 fr. 50 c.

— — 36 à 43 fils *idem*, 190 fr. et 202 fr.

— — 44 fils et au-dessus, 300 fr. et 317 fr. 50 c.

— unis, croisés et coutils écrus, pesant moins de 3 kil. les 100 mètres carrés, 15 0/0 de la valeur.

— unis, croisés et coutils, blanchis, présentant en chaîne et en trame, dans l'espace de 5 millim., sur un poids de 11 kil. et plus les 100 mètres carrés, 35 fils ou moins : 57 fr. 50 c. et 62 fr. 80 c.

— — 36 fils et au-dessus, 92 fr. et 99 fr. 10 c.

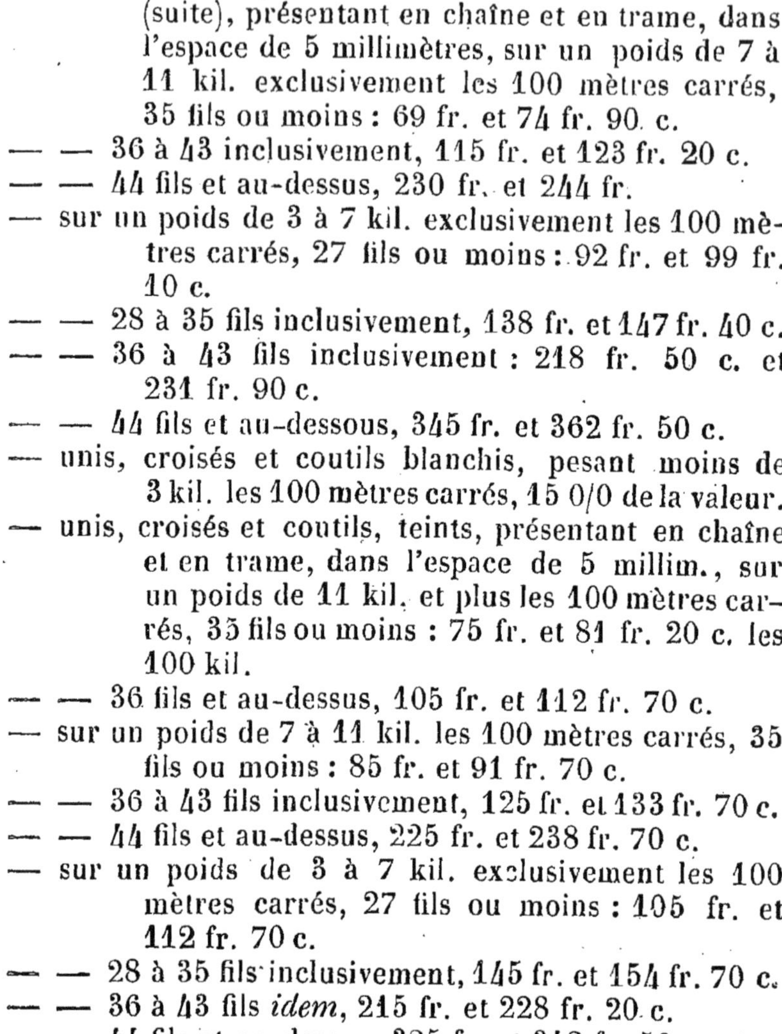

TISSUS DE COTON pur, unis, croisés et coutils blanchis (suite), présentant en chaîne et en trame, dans l'espace de 5 millimètres, sur un poids de 7 à 11 kil. exclusivement les 100 mètres carrés, 35 fils ou moins : 69 fr. et 74 fr. 90 c.

— — 36 à 43 inclusivement, 115 fr. et 123 fr. 20 c.

— — 44 fils et au-dessus, 230 fr. et 244 fr.

— sur un poids de 3 à 7 kil. exclusivement les 100 mètres carrés, 27 fils ou moins : 92 fr. et 99 fr. 10 c.

— — 28 à 35 fils inclusivement, 138 fr. et 147 fr. 40 c.

— — 36 à 43 fils inclusivement : 218 fr. 50 c. et 231 fr. 90 c.

— — 44 fils et au-dessous, 345 fr. et 362 fr. 50 c.

— unis, croisés et coutils blanchis, pesant moins de 3 kil. les 100 mètres carrés, 15 0/0 de la valeur.

— unis, croisés et coutils, teints, présentant en chaîne et en trame, dans l'espace de 5 millim., sur un poids de 11 kil. et plus les 100 mètres carrés, 35 fils ou moins : 75 fr. et 81 fr. 20 c. les 100 kil.

— — 36 fils et au-dessus, 105 fr. et 112 fr. 70 c.

— sur un poids de 7 à 11 kil. les 100 mètres carrés, 35 fils ou moins : 85 fr. et 91 fr. 70 c.

— — 36 à 43 fils inclusivement, 125 fr. et 133 fr. 70 c.

— — 44 fils et au-dessus, 225 fr. et 238 fr. 70 c.

— sur un poids de 3 à 7 kil. exclusivement les 100 mètres carrés, 27 fils ou moins : 105 fr. et 112 fr. 70 c.

— — 28 à 35 fils inclusivement, 145 fr. et 154 fr. 70 c.

— — 36 à 43 fils *idem*, 215 fr. et 228 fr. 20 c.

— — 44 fils et au-dessus, 325 fr. et 342 fr. 50 c.

— unis, croisés et coutils teints, pesant moins de 3 kil. les 100 mètres carrés, 15 0/0 de la valeur.

— unis, croisés et coutils, imprimés, 15 0/0 de la valeur.

— Velours, façon soie dite velvets, écrus, 85 fr. et 91 fr. 70 c. les 100 kil.

Tissus de coton pur (suite). — Velours teints ou imprimés, 110 fr. et 118 fr. les 100 kil.
— — autres (cords, moleskins, etc.), écrus, 60 fr. et 65 fr. 50 c.
— — — teints ou imprimés, 85 fr. et 91 fr. 70 c.
— Broderies à la main, 10 0/0 de la valeur.
— Dentelles et blondes, 5 0/0.
— Piqués, basins, façonnés, damassés et brillantés, 15 0/0 de la valeur.
— Couvertures, 15 0/0.
— Tulles unis ou brodés, 15 0/0
— Gazes et mousselines brodées ou brochées pour ameublements ou tentures, 15 0/0.
— Vêtements et articles confectionnés en tout ou en partie, 15 0/0.
— Articles non dénommés, 15 0/0
Tissus de coton mélangé, le coton dominant en poids, 15 0/0.
Tissus de crin, pur ou mélangé, 10 0/0 de la valeur.
Tissus de laine pure. Tapis de toute espèce, 15 0/0 de la valeur.
— Chaussons de lisière, 10 0/0.
— Lisières de drap, de toute espèce, entières ou coupées, exemptes, et 25 c. les 100 kil.
— Couvertures, 15 0/0 de la valeur.
— Bonneterie, 15 0/0.
— Rubanerie, 15 0/0.
— Dentelles, 15 0/0.
— Articles non dénommés, 15 0/0.
— Vêtements et articles confectionnés, neufs, 15 0/0.
— — vieux, 20 fr. et 22 fr. les 100 kil.
Tissus de laine mélangée, la laine dominant en poids : mêmes droits que les tissus de laine pure.
Tissus d'alpaga, de lama et de vigogne purs ou mélangés de laine, quelle que soit la proportion du mélange et d'autres filaments quelconques, la laine d'alpaga, de lama et de vigogne dominant en poids : mêmes droits que les tissus de laine.

Tissus de lin ou de chanvre pur, unis ou ouvrés écrus, présentant en chaîne, dans l'espace de 5 millimètres, 8 fils ou moins : 28 fr. et 30 fr. 80 c. les 100 kil.

— — 9, 10 et 11 fils, 55 fr. et 60 fr. 20 c.

— — 12 fils, 65 fr. et 70 fr. 70 c.

— — 13 et 14 fils, 90 fr. et 97 fr.

— — 15, 16 et 17 fils, 115 fr. et 123 fr. 20 c.

— — 18, 19 et 20 fils, 170 fr. et 181 fr.

— — 21, 22 et 23 fils, 260 fr. et 275 fr. 50 c.

— — 24 fils et au-dessus, 400 fr. et 417 fr. 50 c.

— blanchis, teints ou imprimés, présentant en chaîne dans l'espace de 5 millimètres, 8 fils ou moins : 38 fr. et 41 fr. 80 c.

— — 9, 10 et 11 fils, 70 fr. et 76 fr.

— — 12 fils, 95 fr. et 102 fr. 20 c.

— — 13 et 14 fils, 120 fr. et 128 fr. 50 c.

— — 15, 16 et 17 fils, 155 fr. et 165 fr. 20 c.

— — 18, 19 et 20 fils, 230 fr. et 244 fr.

— — 21, 22 et 23 fils, 350 fr. et 367 fr. 50 c.

— — 24 fils et au-dessus, 535 fr. et 552 fr. 50 c.

— Coutils unis ou façonnés, écrus, présentant en chaîne dans l'espace de 5 millim., 8 fils ou moins : 35 fr. et 38 fr. 50 c. les 100 kil.

— — 9, 10 et 11 fils, 55 fr. et 60 fr. 20 c.

— — 12, 13 et 14 fils, 90 fr. et 97 fr.

— — plus de 14 fils, 115 fr. et 123 fr. 20 c.

— blanchis, teints ou imprimés, présentant en chaîne dans l'espace de 5 millim., 8 fils ou moins : 47 fr. et 51 fr. 70 c.

— — 9, 10 et 11 fils, 70 fr. et 76 fr.

— — 12, 13 et 14 fils, 120 fr. et 128 fr. 50 c.

— — plus de 14 fils, 155 fr. et 165 fr. 20 c.

Nota. — Ce tarif n'est applicable qu'aux coutils d'origine anglaise. Les coutils belges paient 16 0/0 de la valeur.

— Linge damassé, 16 0/0 de la valeur.

TISSUS DE LIN OU DE CHANVRE pur (suite). — Batiste et linon : mêmes droits que les toiles unies, selon l'espèce et le degré de finesse.

— Mouchoirs encadrés non brodés : mêmes droits que les toiles unies, selon l'espèce et le degré de finesse.

— — brodés, 10 0/0 de la valeur.

— Dentelles de lin ou de chanvre, 5 0/0 de la valeur.

— Tulle et bonneterie, 15 0/0 de la valeur.

— Passementerie et rubanerie de fil, écrue, blanchie ou teinte, 15 0/0 de la valeur.

— Vêtements et articles confectionnés en tout ou en partie, en coutils ou en linge damassé, 16 0/0 de la valeur.

— — en autres tissus, 15 0/0 de la valeur.

— Articles de lin ou de chanvre non dénommés, 15 0/0 de la valeur.

— Tissus de lin ou de chanvre mélangé, le lin ou le chanvre dominant en poids, 15 0/0 de la valeur.

— Toiles cirées pour emballage, 5 fr. et 5 fr. 50 c. les 100 kil. B.

— — pour ameublements, tentures ou autres usages, 15 fr. et 16 fr. 50 c. les 100 kil. N.

TISSUS DE POILS de chèvre, châles et écharpes de cachemire des Indes, 5 0/0 de la valeur.

— — autres : mêmes droits que les tissus de laine.

— de chameau purs, mélangés de laine, quelle que soit la proportion du mélange, ou mélangés d'autres filaments quelconques, le poil de chameau dominant en poids : mêmes droits que les tissus de laine.

— de vache purs ou mélangés, et autres non dénommés, 15 0/0 de la valeur.

TISSUS DE SOIE OU DE BOURRE DE SOIE, bonneterie et dentelles de soie pure, exempts, et 25 c. les 100 kil. N.

— Crêpes, façon d'Angleterre, écrus, noirs ou de couleur, 1000 fr. et 1017 fr. 50 c. les 100 kil., et à partir de 1866, exempts et 25 c. les 100 kil. N.

TISSUS DE SOIE OU DE BOURRE DE SOIE (suite). — Tulles unis, écrus, 2000 fr. et 2017 fr. 50 c., et en 1866, exempts et 25 c.

— — apprêtés, 15 0/0 de la valeur, et en 1866, exempts et 25 c. les 100 kil. N.

— — façonnés, écrus ou apprêtés, 10 0/0 de la valeur, et en 1866, exempts et 25 c.

— Tissus de soie ou de bourre de soie pure, écrus, blancs, teints ou imprimés, 200 fr. et 212 fr. 50 c. les 100 kil.

— Tissus de soie ou de bourre de soie, avec or ou argent fin, 1200 fr. et 1217 fr. 50 c.

— — mi-fin ou faux, 350 fr. et 367 fr. 50 c.

— Passementerie et dentelles de soie ou de bourre de soie, avec or ou argent fin, 1200 fr. et 1217 fr. 50 c.

— — mi-fin ou faux, 350 fr. et 367 fr. 50 c.

— Rubans de soie ou de bourre de soie, de velours, 500 fr. et 517 fr. 50 c.

— — autres, 800 fr. et 817 fr. 50 c.

— Tissus de soie ou de bourre de soie mélangée, la soie ou la bourre de soie dominant en poids, rubans, 10 0/0 de la valeur.

— — autres, 300 fr. et 317 fr. 50 c. les 100 kil.

— Vêtements et articles confectionnés : régime des tissus dominant en poids.

TISSUS DE PHORMIUM-TENAX, d'abaca et d'autres végétaux filamenteux non dénommés (y compris les tissus d'écorce, en fibres de palmier et autre de toute sorte), purs ou mélangés, le phormium-tenax, l'abaca et les autres végétaux dominant en poids : 10 0/0 de la valeur.

TISSUS DE JUTE PUR, écru, présentant en chaîne, dans l'espace de 5 millim., 3 fils ou moins, unis : 13 fr. et 14 fr. 30 c. les 100 kil. N, et en 1864, 10 fr. et 11 fr. les 100 kil. B.

TISSUS DE JUTE PUR, écru (suite), présentant en chaîne, dans l'espace de 5 millim., 3 fils ou moins, croisés : 15 fr. et 16 fr. 50 c., et en 1864, 12 fr. et 13 fr. 20 c. les 100 kil. N.

— — 4 et 5 fils inclusivement, 21 fr. et 23 fr. 10 c., et en 1864, 16 fr. et 17 fr. 60 c.

— — 6, 7 et 8 fils inclusivement, 30 fr. et 33 fr., et en 1864, 24 fr. et 26 fr. 40 c.

— — plus de 8 fils, mêmes droits que les tissus de lin, selon le degré de finesse.

— blanchis ou teints, présentant en chaîne, dans l'espace de 5 millim., 3 fils ou moins, unis : 19 fr. et 20 fr. 90 c., et en 1864, 15 fr. et 16 fr. 50 c.

— — croisés, 22 fr. et 24 fr. 20 c., et en 1864, 17 fr. et 18 fr. 70 c.

— — 4 et 5 fils inclusivement, 30 fr. et 33 fr., et en 1864, 23 fr. et 25 fr. 30 c.

— — 6, 7 et 8 fils inclusivement, 44 fr. et 48 fr. 40 c., et en 1864, 35 fr. et 38 fr. 50 c.

— — plus de 8 fils : mêmes droits que les tissus de lin, selon le degré de finesse.

— Tapis ras ou à poil, 32 fr. et 35 fr. 20 c., et en 1864, 24 fr. et 26 fr. 40 c.

— Tissus de jute mélangé, le jute dominant en poids, 20 0/0 de la valeur, et en 1864, 15 0/0.

TOILES MÉTALLIQUES en fer ou en acier, 15 fr. et 16 fr. 50 c. les 100 kil N., et en 1864, 10 fr. et 11 fr. les 100 kil. B.

— en cuivre ou en laiton, 25 fr. et 27 fr. 50 c., et en 1864, 20 fr. et 22 fr.

TRESSES de pailles grossières pour paillassons, 2 fr. 40 c. et 2 fr. 44 c. les 100 kil.; — autres de toutes sortes, 5 fr. et 5 fr. 50 c.

VÉGÉTAUX FILAMENTEUX. Jute en brins ou teillé, exempt; peigné, exempt, et 19 fr. 80 c. les 100 kil.; — lin et chanvre, en tiges ou teillés et étoupes, exempts; peignés, exempts, et 25 c. les 100 kil. ; — phormium-tenax, abaca et autres, bruts ou teillés, exempts; peignés ou tordus, exempts, et 25 c.

VERNIS à l'huile, à l'essence ou à l'esprit de vin, 10 0/0 de la valeur.

VERRES ET CRISTAUX. Miroirs ayant moins d'un mètre carré, 10 0/0 de la valeur, plus 1 fr. par mètre carré.

— Glaces brutes, 2 fr. 50 c. le mètre carré.

— — polies ou étamées, 5 fr. le mètre carré.

— Bouteilles pleines ou vides, de toutes formes, 2 fr. 10 c. et 2 fr. 35 c. les 100 kil.

— Verres à vitres, 5 fr. 50 c. et 6 fr.

— — de couleur, polis ou gravés, de montre et d'optique, 10 0/0 de la valeur, plus 2 fr. par 100 kil., et 10 0/0 de la valeur, plus 2 fr. 25 c. par 100 kil.

— Gobeleterie et cristaux blancs et colorés, 10 0/0 de la valeur, plus 2 fr. par 100 kil., et 10 0/0 de la valeur, plus 2 fr. 25 c. par 100 kil.

— Groisil ou verre cassé, exempt et 25 c. les 100 kil.

— Vitrifications en masses, en tubes, en grains percés et taillées en pierres à bijoux, 10 0/0, plus 2 fr. par 100 kil., et 10 0/0, plus 2 fr. 25 c. par 100 kil.

— Emaux et autres objets en verre non dénommés, 10 0/0 de la valeur, plus 2 fr. par 100 kil. et 10 0/0 de la valeur, plus 2 fr. 25 c. par 100 kil.

VERT de montagne, exempt.

ZINC (minerai de), cru (pierre calaminaire) ; — grillé, (calamine grillée), pulvérisé ou non, exempt.

— en masses brutes, saumons, barres ou plaques, exempt, et 25 c. les 100 kil.

— laminé, 6 fr. et 6 fr. 60 c. les 100 kil., et en 1864, 4 fr. et 4 fr. 40 c.

— Débris de vieux ouvrages en zinc et limailles, exempts et 25 c. les 100 kil.

Tarif de sortie applicable à divers produits expédiés à destination de l'Angleterre et de la Belgique.

Bois de noyer, y compris les bois de fusil, achevés ou ébauchés, exempts.
Chardons cardères, exempts.
Chiffons de laine sans mélange, exempts.
— autres et drilles de toute espèce, 12 fr. les 100 kil. B.
Cornes de bétail, exemptes.
Engrais, exempts.
Meules, exemptes.
Noir animal, exempt.
Oreillons, exempts.
Os et Sabots de bétail, de toute espèce, exempts.
Pate à papier, 12 fr. les 100 kil. B.
Peaux brutes, grandes ou petites, fraîches ou sèches, exemptes.
Soies en cocons, exemptes.
— teintes, à coudre, exempte.
— — autres, de toute sorte, exemptes.
— bourre filée (fleuret), exemptes.
Tourteaux de graines oléagineuses, exempts.
Vieux cordages, goudronnés ou non, 4 fr. les 100 kil. B.

TARIF DES DOUANES

A L'ENTRÉE EN ANGLETERRE.

NOTA. — Le Traité de commerce n'ayant consacré en faveur de la France aucune disposition qui lui soit spéciale, il a paru utile de publier ici le tarif des droits de douane généralement applicables, en Angleterre, à toutes les puissances.

ACIDE borique, exempt.
 — citrique (V. *Droguerie non dénommée*).
 — nitrique (V. *Eau forte*).
 — sulfurique ou huile de vitriol, exempt.
 — tartrique, exempt.
AIRELLE (baies d'), exemptes.
ALBUMINE, exempte.
ALCALIS, barille ou soude, exempt.
 — cendres, perlasse et potasse, exemptes.
 — volatil (ammoniaque liquide), exempt.
 — autres non dénommés, exempts.
ALGAROBIA (1) (V. *Graines non dénommées*).

(1) Graine de l'Amérique du Sud.

ALLUMETTES chimiques en bois (*Lucifers*), exemptes.
— en cire (*Vesta*), exemptes.

ALOÈS, exempt.

ALUMINIUM, exempt.

ALUN, exempt.

AMANDES amères, exemptes.
— douces de première qualité, de Malaga, exemptes.
— — autres, exemptes.
— Pâtes d'amandes, jusqu'au 30 juin 1862, la livre, 2 d. (le kil., 46 c.)

AMBRE gris (V. *Droguerie non dénommée*).
— jaune brut, exempt.
— ouvré non dénommé autre que grains pour colliers, exempt.

AMIDON, le quintal 4 d. 1/2 (les 100 kil., 93 c.)
— Gomme d'amidon torréfiée et calcinée, le quintal, 4 d. 1/2 (les 100 kil., 93 c.)

AMORCES ou capsules de poudre fulminante, exemptes.

ANGÉLIQUE (V. *Droguerie non dénommée* et *Bonbons*).

ANIMAUX VIVANTS : ânes et ânesses, chevaux, juments, chevaux hongres, poulains et pouliches, mules et mulets, bœufs et taureaux, vaches, veaux, chèvres, chevreaux, moutons, agneaux, cochons et sangliers, cochons de lait, animaux non dénommés, exempts.

ANTIMOINE (minerai d'), exempt.
— cru (sulfuré), exempt.
— (régule d') métallique, exempt.

ARBRES, arbrisseaux et plants d'arbres, exempts.

ARGENT, minerai d'argent ou minerai dont l'argent constitue la principale valeur, exempt.
— fil d'argent, exempt.

ARISTOLOCHE (V. *Droguerie non dénommée*).

ARMES : épées, coutelas, *matchetts* (1), baïonnettes,

(1) Du mot espagnol *machete* : sabre ou coutelas plus petit que l'épée et plus grand que la dague et le poignard.

canons de fusil, platines de fusil, exempts.

ARMES : canons ou mortiers non montés, non accompagnés de leurs trains, en fer, exempts.

— — en cuivre, exempts.

— — montés ou accompagnés de leurs trains, exempts.

— mousquets, carabines, mousquetons, fusils de chasse et autres, pistolets, à feu non dénommées, exempts.

ARROWROOT, le quintal, 4 d. 1/2 (les 100 kil., 93 c.)

ARSENIC, exempt.

ART (ouvrages d') en bronze ou autre métal, exempts.

ASPHALTE ou bitume de Judée, exempt.

BAIES de genièvre, exemptes.

— de myrobolans, exemptes.

— de nerprun, exemptes.

— non dénommées, exemptes.

BALAIS ET BROSSES de toute sorte, exempts.

BANANES (V. *Fruits non dénommés*).

Bandannas (V. *Soie, Tissus, etc.*).

BAR (bois de) (1), exempt.

BARYTE (sulfate de), exempt.

BAUMES de benjoin (V. *Gommes*).

— de copahu, exempt.

— du Pérou, exempt.

— de Riga (V. *Spiritueux édulcorés ou mélangés non dénommés*), exempts.

— autres non dénommés, exempts.

BEURRE, exempt.

BIÈRE, *ale*, le baril, 1 l. (l'hectol., 17 fr. 47 c.)

— *mum* (2), le baril, 1 l. (l'hectol., 17 fr. 47 c.)

— *spruce* (3), le baril, 1 l. (l'hectol., 17 fr. 47 c.)

— autres de toute espèce, le baril, 1 l. (l'hectol., 17 fr. 47 c.)

(1) Santal rouge d'Afrique.

(2) Bière d'Allemagne.

(3) Bière fabriquée avec l'*essence de spruce*.

Bijouterie fine non dénommée, exempte.
Bimbeloterie ou jouets d'enfants, exempte.
Biscuits et pain, le quintal, 4 d. 1/2 (les 100 kil., 93 c.)
Boeuf salé, exempt.
— frais ou légèrement salé, exempt.
Bois en général. — Bouleau et sapins importés seulement pour la fabrication des barils à harengs à l'usage des pêcheries; équarris, n'excédant pas en longueur 3 pieds (0^m9145), en superficie 8 po. car. (52 centim. car.), exempts.
— — sciés, n'excédant pas en longueur 3 pi. (0^m9145), en largeur 7 po. (0^m1778), en épaisseur 3/4 de po. (0^m0189), exempts.
— — autres (V. *Bois équarri et scié*).
— à brûler, le load, 1 sh. (le stère, 88 c.)
— cercles, le load, 2 sh. (le stère, 1 fr. 77 c.)
— chevilles ou gournables de toute sorte, le load, 1 sh. (le stère, 88 c.)
— pour constructions navales, antérieurement admis en franchise : *blue* et *red gum*, *greenheart*, *mora* et *locust*, *stringy bark*, de teck et autres non dénommés, le load, 1 sh. (le stère, 88 c.)
— équarri : chêne, le load, 1 sh. (le stère, 88 c.)
— — mâts, espars et perches, le load, 1 sh. (le stère, 88 c.)
— — sapin, le load, 1 sh. (le stère, 88 c.)
— — non dénommés, le load, 1 sh. (le stère, 88 c.)
— à lattes, le load, 1 sh. (le stère, 88 c.)
— manches de pelles, le load, 2 sh. (le stère, 1 fr. 77 c.)
— merrains autres que pour barils à harengs, excédant : en longueur 72 pouces (1^m829), en largeur 7 pouces (0^m178), en épaisseur, 3 pouces 1/4 (0^m082) : le load, 1 sh. (le stère, 88 c.)
— — n'excédant pas les dimensions ci-dessus, le load, 2 sh. (le stère, 1 fr. 77 c.)
— de rebut et déchets de bois en bûches et menus morceaux pour arrimage, exempts.

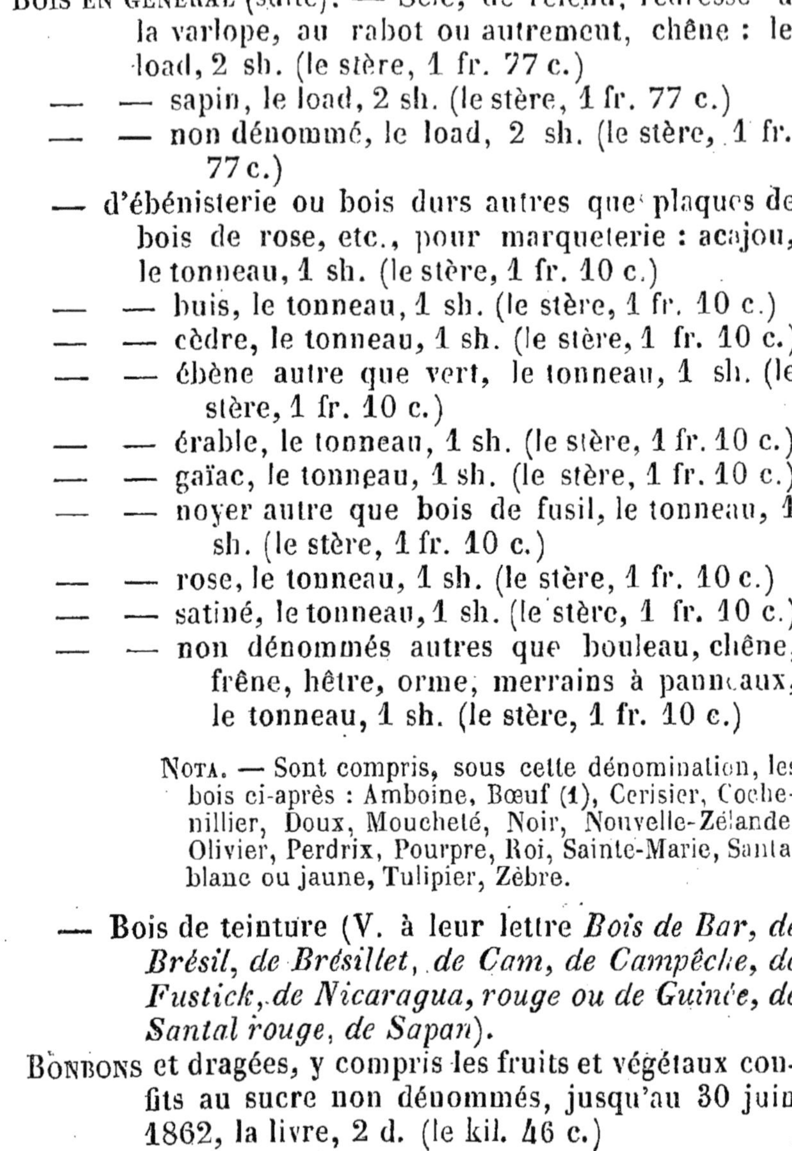

Bois en général (suite). — Scié, de refend, redressé à la varlope, au rabot ou autrement, chêne : le load, 2 sh. (le stère, 1 fr. 77 c.)

— — sapin, le load, 2 sh. (le stère, 1 fr. 77 c.)

— — non dénommé, le load, 2 sh. (le stère, 1 fr. 77 c.)

— d'ébénisterie ou bois durs autres que plaques de bois de rose, etc., pour marqueterie : acajou, le tonneau, 1 sh. (le stère, 1 fr. 10 c.)

— — buis, le tonneau, 1 sh. (le stère, 1 fr. 10 c.)

— — cèdre, le tonneau, 1 sh. (le stère, 1 fr. 10 c.)

— — ébène autre que vert, le tonneau, 1 sh. (le stère, 1 fr. 10 c.)

— — érable, le tonneau, 1 sh. (le stère, 1 fr. 10 c.)

— — gaïac, le tonneau, 1 sh. (le stère, 1 fr. 10 c.)

— — noyer autre que bois de fusil, le tonneau, 1 sh. (le stère, 1 fr. 10 c.)

— — rose, le tonneau, 1 sh. (le stère, 1 fr. 10 c.)

— — satiné, le tonneau, 1 sh. (le stère, 1 fr. 10 c.)

— — non dénommés autres que bouleau, chêne, frêne, hêtre, orme, merrains à panneaux, le tonneau, 1 sh. (le stère, 1 fr. 10 c.)

Nota. — Sont compris, sous cette dénomination, les bois ci-après : Amboine, Bœuf (1), Cerisier, Cochenillier, Doux, Moucheté, Noir, Nouvelle-Zélande, Olivier, Perdrix, Pourpre, Roi, Sainte-Marie, Santal blanc ou jaune, Tulipier, Zèbre.

— Bois de teinture (V. à leur lettre *Bois de Bar, de Brésil, de Brésillet, de Cam, de Campêche, de Fustick, de Nicaragua, rouge ou de Guinée, de Santal rouge, de Sapan*).

Bonbons et dragées, y compris les fruits et végétaux confits au sucre non dénommés, jusqu'au 30 juin 1862, la livre, 2 d. (le kil. 46 c.)

Borax brut ou tinckal, exempt.

— raffiné, exempt.

(1) Bois de la Nouvelle-Galles du Sud.

BOUCHONS de liége carrés, disposés pour être arrondis, exempts.
— pour la pêche, exempts.
— autres, jusqu'au 31 mars 1862, la livre, 3 d. (le kil. 69 c.), à partir du 1er avril 1862, exempts.
BOURRE de coton et de laine, exempte.
— tontisse pour fabricants de papiers peints, exempte.
BOUTONS de chemises et autres en métal, exempts.
— autres, exempts.
BOYAUX de ver à soie pour la pêche, exempts.
BRAI (V. *Goudron.*)
BRAI sec (V. *Résine.*)
BRÉSIL (bois de), exempt.
BRÉSILLET (bois de), exempt.
BRIQUES ou Tuiles : de Hollande, exemptes.
— autres, exemptes.
BRODERIES et Ouvrages à l'aiguille : rideaux dits de Suisse, brodés sur mousseline ou sur tulle, exempts.
— autres non dénommés, exempts.
BRONZE : Articles en bronze ou en métal bronzé et verni, exempts.
— en poudre, exempt.
BUSTES, Statues et Figures coulés ou moulés, exempts,
CACAO, fèves, la livre, 1 d. (le kil., 23 c.)
— pellicules, le quintal, 2 sh. 1 d. (les 100 kil. 4 fr. 92 c.)
— pâte et chocolat, la livre, 2 d. (le kil., 46 c.)
CACHOU, exempt.
CADRES pour tableaux, estampes, dessins ou miroirs, exempts.
CAFÉ, séché au four, torréfié ou moulu, la livre 4 d. (le kil., 92 c.)
— autre, la livre, 3 d. (le kil., 69 c.
CAM (bois de), exempt.
CAMBOGE ou Gomme-gutte, exempt.
CAMÉES, non montés, exempts.
CAMOMILLE (fleurs de) (V. *Droguerie non dénommée.*)
CAMPÊCHE (bois de), exempt.

CAMPHRE, brut, exempt.
— raffiné, exempt.
CANNELLE blanche (*Droguerie non dénommée.*)
CANNELLE de Ceylan, exempte,
CANNES de toutes sortes, exemptes.
CANTHARIDES, exemptes.
CAOUTCHOUC, brut, exempt.
— ouvré, bottes, socques et autre, exempt.
CAPRES, y compris la saumure, exempts.
CARDAMOME, exempt.
CARMIN, exempt.
CARTES géographiques ou hydrographiques, entières ou en feuilles, unies ou coloriées, exemptes.
CARTES à jouer, 12 jeux, 15 sh. (12 jeux, 18 fr., 75 c.
CARTHAME ou Safran bâtard, exempt.
CASSAVE en poudre, 4 d. 1/2, (les 100 kil., 93 c.)
CASSIA en boutons, fleurs de cassia, cassia fistula, cassia lignea, cassia vera, exempts.
CASTORÉUM, exempt.
CAURIS, exempts.
CAVIAR, exempt.
CÉRÉALES, Grains et Farines : Grains froment, le quarter, 1 sh. (l'hectol., 43 c.)
— — orge, le quarter, 1 sh. (l'hectol., 43 c.)
— — avoine, le quarter, 1 sh. (l'hectol., 43 c.)
— — seigle, le quarter, 1 sh. (l'hectol., 43 c.)
— — pois, le quarter, 1 sh. (l'hectol., 43 c.)
— — fèves, le quarter, 1 sh. (l'hectol., 43 c.)
— — maïs ou blé de Turquie, le quarter, 1 sh (l'hectol., 43 c.)
— — sarrasin ou blé noir, le quarter, 1 sh (l'hectol., 43 c.)
— — escourgeon, le quarter, 1 sh. (l'hectol., 43 c.)
— Farines de froment, blutée et non blutée, le quintal. 4 d. 1/2 (les 100 kil., 93 c.)
— — d'orge, le quintal, 4 d. 1/2 (les 100 kil., 93 c.)
— — d'avoine et de gruau, le quintal, 4 d. 1/2 (les 100 kil. 93 c.)

CÉRÉALES (suite). — Farines de seigle, blutée et non blutée, le quintal 4 d. 1/2 (les 100 kil., 93 c.)

— — de pois, le quintal, 4 d. 1/2 (les 100 kil., 93 c.)

— — de fèves, le quintal, 4 d. 1/2 (les 100 kil., 93 c.)

— — de maïs ou blé de Turquie, le quintal, 4 d. 1/2 (les 100 kil., 93 c.)

— — de sarrasin ou blé noir, le quintal, 4 d. 1/2 (les 100 kil., 93 c.)

— — non dénommées, le quintal, 4 d. 1/2 (les 100 kil., 93 c.)

CERISES fraîches, exemptes.

— sèches, jusqu'au 30 juin 1862, la livre, 2 d. (le kil., 46 c.)

CHANDELLES et Bougies de blanc de baleine, de cire, de stéarine, de suif, exemptes.

CHANVRE de toute sorte et Jute (1), exempts,

— autres substances végétales, applicables aux mêmes usages que le chanvre, autres que fibres de coco et lin, exemptes.

CHAPEAUX de copeaux, exempts.

— de feutre, exempts.

— d'écorce, de canne ou de crin, exempts.

— de paille, exempts.

— de poil, de laine ou de castor, exempts.

— de soie ou de peluche de soie, appliquée sur feutre, toile ou autre matière, pour homme, exempts.

— pour femme (V. *Soie, Tissus d'Europe*, *Articles et Ouvrages de modes.*)

CHARBON de terre et Résidus de charbon de terre, exempt.

CHARDONS cardères, exempts.

CHICORÉE ou toute autre substance végétale applicable aux usages de la chicorée ou du café, verte ou séchée au four, le quintal, 12 sh. (les 100 kil., 29 fr. 52 c.)

CHICORÉE torréfié ou moulue, la livre, 4 d. (le kil., 92 c.).

(1) Chanvre du Bengale.

CHLORITE de chaux (V. *Droguerie non dénommée.*)
CHLOROFORME, la livre, 3 sh. (le kil., 8 fr. 28 c.)
Choppaks (V, *Soie, Tissus de l'Inde, Corahs, etc.*)
CINABRE natif, exempt.
CIRE d'abeille, blanchie et non blanchie, exempte.
— à cacheter (V. *Papeterie non dénommée.*)
— végétale, exempte.
CITRATE de chaux (V. *Droguerie non dénommée.*)
CITRONS confits au sel, exempts.
CIVETTE (V. *Droguerie non dénommée.*)
COBALT, minerai, métal et oxyde, exempt.
COCHENILLE en grabeau, en grains et en tablettes ou en pains, exempte.
COLLE FORTE et oreillons : colle forte, exempte.
— rognures ou débris de peaux (oreillons) propres seulement à la fabrication de la colle forte, ex.
COLLE DE POISSON, exempte.
COLOMBO (racine de) (V. *Droguerie non dénommée*).
COLOQUINTE (V. *Droguerie non dénommée*),
CONFISERIE et pâtisserie sucrée, jusqu'au 30 juin 1862, la livre 2 d. (le kil. 46 c.)
CONFITURES sèches, jusqu'au 30 juin 1862, la livre 2 d. (le kil. 46 c.)
CONSERVES au sel, exemptes.
— au vinaigre, le gallon 1 d. (le litre 2 c.)
COQUES du Levant, exempt.
CORAHS (V. *Soie — Tissus de l'Inde et de Chine*).
CORAIL en morceaux ou entier et colliers, exempt.
CORDAGES et câbles autres que câbles en fer, exempts.
CORDAGES (petits); cordes et torons, en écorce de tilleul, exempts.
CORNES de buffle, de cerf et autres non dénommées et pointes et morceaux de cornes, exemptes.
CORSETS de coton ou de lin et coton mélangés, exempts.
COTON en laine, exempt.
— filé non retors.
COTON ouvré, tissus de l'Inde et de Chine, y compris les calicots, mousselines, nankins et foulards, ex.

COTON ouvré (suite), d'autres pays, mousseline, exempte.
— — autres, exempt.
— — bonneterie de toute sorte, exempte.
— — articles et tissus non dénommés, exempts.
COULEURS pour peintres non dénommées, préparées ou non préparées, exemptes.
COUPEROSE blanche, bleue ou verte, exempte.
CRAYONS d'ardoise et autres, exempts.
CRÊME de tartre, exempte.
CUBÈBE, exempt.
CUIR ouvré : bottes, bottines, brodequins et souliers de toute sorte, exempts
— tiges de bottes, exemptes.
— gants de peau, exempts.
— ouvrages en cuir ou dont le cuir constitue la principale valeur, non dénommés, exempts.
CUIVRE jaune : ouvré non dénommé, exempt.
— — vieux, propre seulement à être travaillé. ex.
— rouge (minerai), exempt.
— — régule, exempt.
— — vieux, propre seulement à être retravaillé, exempt.
— non ouvré, en pains, saumons, rosette et cuivre coulé de toute sorte, exempt.
— ouvré partiellement, savoir : barres, baguettes, lingots en cuivre battu ou relevé.
— en planches ou plaques et monnayé, exempt.
— filé, exempt.
— ouvré, non dénommé, et Planches gravées, exempt.
CURCUMA, exempt.
DATTES, exemptes.
DENTELLES et Articles en dentelle au coussin, de coton, de lin ou de soie, exemptes.
— au métier ou imitations de dentelle, autres qu'à la main, exemptes.
— de laine, exemptes.
DENTS d'éléphant, exemptes.
— de cheval marin, de veau marin ou de morse, ex.

Dés à jouer, la paire, 1 liv. 1 sh. (26 fr. 25 c.)
Dividivi, exempt.
Drap-Tussore (V. *Soie, — Tissus de l'Inde et de Chine, Corahs, etc.*).
Drilles ou Chiffons et autres matières propres à la fabrication du papier, exempts.
Droguerie non dénommée, exempte.
Duvet, exempt.
Eau de fleur d'oranger, — de fleur de sureau, — de rose (V. *Parfumerie non dénommée*).
— forte (Acide nitrique), exempt.
— minérales, exemptes.
Ébène vert, exempt.
Ecaille brute, exempte.
Echantillons de sciences naturelles non dénommés, ex.
Ecorces de cascarille, de quercitron, de quinquina, de tan et tinctoriales non dénommées, exemptes.
— autres non dénommées, exemptes.
Ellébore (V. *Droguerie non dénommée*).
Encres de Chine, à écrire et à imprimer, exemptes.
Engrais non dénommés, exempts.
Eponges, exemptes.
Esquine (Racine) (V. *Droguerie non dénommée*).
Essence de spruce (1), 10 0/0 de la valeur.
Estampes et Dessins : dessins à la main, exempts.
— y compris les gravures et les photographies sur papier, exempts.
Étain (minerai d'), exempt.
— régule, exempt.
— en blocs, saumons, lingots ou masses, exempt.
— fer-blanc ou feuilles de tôle étamées, exempt.
— ouvré, non dénommé, exempt.
— allié de cuivre, de plomb, de zinc, ouvré, non dénommé (V. *Métaux ouvrés, non dénommés*).
Étoupe provenant de vieux cordages, exempte.
Extrait de carthame, exempt.

(1) Essence obtenue par la décoction des branches du pin sauvage.

EXTRAIT d'écorce ou de toute autre substance végétale propre au tannage ou à la teinture, exempt.
— autres, non dénommés, exempts.
FANONS DE BALEINE, exempts.
FARINE de manioc, le quintal, 4 d. 1/2 (les 100 kil., 93 c.)
— de pommes de terre, le quintal, 4 d. 1/2 (les 100 kil., 93 c.)
FER ET ACIER. Acier brut, exempt.
— Fer, minerai, exempt.
— — pyrites, exempts.
— — chromate, exempt.
— — fonte brute à fer et à moulage, exempte.
— — — moulée, exempte.
— — en barres, non ouvré, exempt.
— — en massiaux ou lopins, exempt.
— — fendu ou martelé en tringles, exempt.
— — cercles, exempts.
— — fil de fer, exempt.
— — tôle, exempte.
— — vieux (ferraille et mitraille) et fonte vieille (têts et blocaille), exempts.
— fer et acier ouvrés autres qu'armes et munitions de guerre et instruments d'anatomie, de chirurgie, etc.; machines et mécaniques, outils et instruments, coutellerie et autres articles en acier, fer ou fonte coulée, non dénommés, exempts.
— articles d'ornement ou de fantaisie en acier ou en fer, exempts.
FEUILLES de roses, exemptes.
FIBRES de coco, brutes, exemptes.
— filées et cordages (petits), cordes et torons, exemp.
FIGUES, le quintal, 7 sh. (les 100 kil., 17 fr. 23 c.)
— (gâteau de), le quintal, 7 sh. (les 100 kil., 17 fr. 23 c.)
FIL de lin retors, non dénommé, exempt.
— à voiles, exempt.
— de lin non retors, pour câbles, exempt.

FIL de poil de chameau ou de chèvre, exempt.
— de cuivre, doré ou argenté, exempt.
FLEURS artificielles, exemptes.
— (racines de), exemptes.
FROMAGE, exempt.
FRUITS frais et secs, non dénommés, exempts.
— dénommés (V. *Amandes*. *Baies d'airelle*, *Cerises*, *dattes*, *Figues*, *Noix*, *Olives*, *Oranges et Citrons*, *Poires*, *Pommes*, *Pruneaux*, *Raisins de Corinthe*, *Raisin frais*, *Raisins secs* et *Tamarins*.)
FUSILS (bois de) bruts, exempts.
FUSTICK (bois de), exempt.
FUTAILLES vides, exemptes.
GALLES (noix de), exemptes.
— en poudre (V. *Droguerie non dénommée*).
GAMBIER (kino), exempt.
GARANCE en racine, exempte.
— autre. exempte.
GARANCINE, exempte.
GAUDE (V. *Teintures non dénommées*).
GÉLATINE, exempte.
GENTIANE, exempte.
GINGEMBRE confit, jusqu'au 30 juin 1862, la livre, 2 d. (le kil., 46 c.)
— autre, exempt.
GINSENG (V. *Droguerie non dénommée*).
GIROFLE (clous de), exempts.
GLACE, exempte.
GOMMES adragante, animé, arabique, benjoin, copal, dammar, euphorbe, de Djeddah, lac-dye, laque en bâtons, laque en écailles, laque en grains, mastic, sandaraque, sang-dragon, du Sénégal, non dénommées, exemptes.
GOUDRON des Barbades (V. *Droguerie non dénommée*),
- autre, exempt.
GRAINES de Guinée et de Paradis, exemptes.
— et semences : alpiste ou graine des Canaries, anis, carotte, carvi, chanvre ou chenevis, coton, cu-

min, haricots verts et autres, de jardin non dénommées, jaunes de Perse, lentilles, lin, luzerne, millet, moutarde, oignon, pavot, de prairie, rabette ou navette, sésame, tilly (*croton tiglium*), trèfle, vesce, exemptes.

— non dénommées : oléagineuses, exemptes.

— — autres de toute sorte, exemptes.

GRAINS pour colliers, de corail, exempts.

— de verre, y compris la verroterie, exempts.

— autres, non dénommés, exempts.

GRAISSE, exempte.

GRENADES. (V. *Fruits non dénommés*).

GUANO, exempt.

GUTTA-PERCHA brute ou ouvrée, exempte.

HOUBLON, jusqu'au 31 décembre 1861, le quintal, 1 l. (les 100 kil., 49 fr. 20 c.)

— à partir du 1er janvier 1862, le quintal, 15 sh. (les 100 kil., 36 fr. 90 c.)

HUILES animales de saindoux et de suif, exemptes.

— — non dénommées, exemptes.

— chimiques, essentielles ou de senteur : de bergamote, de casse, de citron, de menthe poivrée, de roses et autres non dénommées, exemptes.

— de coco, de graines de chenevis ou de chanvre, de lin, de navette et autres non dénommées; d'olive, de palme, de pétrole, de foie de morue, de graisse de poisson, de spermaceti, de ricin, de térébenthine et autres non dénommées, ex.

INDIGO exempt.

INSTRUMENTS d'anatomie ou de chirurgie, d'astronomie, d'optique et scientifiques non dénommés, ex.

— de musique, boîtes à musique, cordes pour instruments de musique, harmoniums et séraphins, piano-forte et autres non dénommés, exempts.

IPÉCACUANHA, exempt.

IRIS (Racine) (V. *Droguerie non dénommée*).

JALAP, exempt.

JAMBONS de toute sorte, exempts.

JONCS à tresser, exempts.
JUS de citron, de limon et d'orange, exempts.
LAINE brute d'agneau ou de mouton, d'alpaca, de castor, de chèvre (poil), de lama, de lapin, de lièvre, de vigogne, exempte.
— ouvrée, bonneterie de toute sorte, exempte.
— — châles, écharpes et fichus, exempts.
— — fil non tors ou à deux ou plusieurs tors : laine de Berlin ou fil zéphir et fil pour ouvrages de fantaisie, exempt.
— — de laine pure ou de laine et soie pour tissage, exempt.
— — tapis et couvertures, exempts.
— — tissus purs ou mélangés de coton autres que de poils de chèvre : draps et étoffes, ex.
— articles et tissus non dénommés.
LANGUES, exemptes.
LARD, exempt.
LÉGUMES et VÉGÉTAUX comestibles non dénommés, autres que confits, exempts.
LEVURE sèche, exempte.
LIÉGE brut, exempt.
LIN apprêté, brut ou non apprêté, étoupe et déchets, ex.
— et CHANVRE ouvrés, fil non retors, exempt.
— batiste et linon de France, y compris les mouchoirs à bordures détachés ou en pièces, exempt.
— damas uni et damas façonné, exempt.
— voiles et toile à voiles, exemptes.
— tissus non dénommés, exempts.
LIVRES reliés et non reliés, exempts.
LORGNETTES de spectacle, exemptes.
LUNETTES, exemptes.
MACIS, exempt.
MALT, le quarter, 1 liv. 5 sh. (l'hectolitre 10 fr. 63 c.)
MANGANÈSE (minerai de), exempt.
MANGEET, racine tinctorial de l'Inde, exempte.
MANNE, exempte.
MARMELADES, jusqu'au 30 juin 1862, la liv. 2 d. (le k. 46 c.)

MÉDAILLES d'argent et d'or, exemptes.
— de tout autre métal, exemptes.
MERCURE natif ou fluide; métal, exempt.
— préparé (V. *Droguerie non dénommée*).
MERRAINS (V. *Bois*).
MÉTAL battu en feuilles, autre que l'or, exempt.
— de cloche, exempt.
— vieux, autre que cuivre jaune, cuivre rouge ou fer, propre seulement à être retravaillé, exempt.
MÉTAUX et MINERAIS non dénommés, métaux non dénommés, bruts, ouvrés, exempts.
Pour les métaux dénommés (V. *Antimoine, Argent, Arsenic, Bronze, Calamine, Cinabre, Cobalt, Cuivre jaune et rouge, Etain pur et allié de cuivre, Fer, Manganèse, Mercure, Métal de cloche, Nickel, Or, Orpiment, Platine, Plomb, Plombagine, Soufre et Zinc.*
— minerais non dénommés, exempts.
MEUBLES en bois et ébénisterie, exempts.
MIEL, exempt.
MINÉRAUX et FOSSILES non dénommés, exempts.
MODÈLES en liège ou en bois, exempts.
MONTRES d'argent, d'or ou de tout autre métal que l'or, exemptes.
MORPHINE et sels de morphine (V. *Droguerie non dénommée*).
MOUSSES de rocher ou tinctoriales, exemptes.
— autres (V. *Droguerie non dénommée*).
MOUTARDE préparée (*Sauces ou Condiments non dénommés*).
MUNITIONS de guerre : balles, boulets et grenaille en fer et en plomb, exempt
— fusées, combustibles de guerre et munitions non dénommées, exempt.
MUSC, exempt.
MUSCADES sauvages et autres, exemptes.
MYRRHE, exempt.
MYRTILLE (baies de) V. *Airelle*).

Nacre de perles en coquilles, exempte.
Naphte, exempt.
Nattes entières ou en pièces, exemptes.
Navires avec leurs apparaux et agrès, navires en bois construits à l'étranger ou dans une possession anglaise d'outre-mer, tonneau de jauge 1 sh. (le mètre cube 1. fr. 10 c.)

Nota. — Le droit ci-dessus sera perçu au moment de l'immatriculation des navires comme navires anglais et liquidé d'après le nombre des tonneaux du jaugeage brut, sans défalcation aucune pour la chambre des machines, etc.

— Navires de construction anglaise, naufragés, dépecés ou à dépecer, exempts.
— Navires de construction étrangère, dépecés ou vendus pour être dépecés, abandonnés par leurs propriétaires, ou vendus comme épaves et réparés ou non réparés après la vente, exempts.
Nèfles (V. *Fruits frais non dénommés.*)
Nicaragua (bois de), exempt.
Nickel, minerai, exempt.
— métal et oxyde de nickel raffiné, exempt.
— arséniate non raffiné en pains ou en poudre exempt.
Nitrate de soude ou Nitre cubique, exempt.
Noix, Châtaignes et Marrons, exempts.
— de coco, exemptes.
— noisettes et noix communes, exemptes.
— pistaches de terre, exemptes.
— et noyaux non dénommés, oléagineux et autres, exempts.
— vomique, exempte.
Ocre, exempt.
Œufs, exempts.
Oignons, exempts.
Oliban, exempt.
Olives, exemptes.
Olivier (bois d') (V. *Bois d'ébénisterie non dénommés.*)
Ombrelles (V. *Soie, Tissus d'Europe.*)

OPIUM, exempt.
OR battu en feuilles, exempt.
— minerai d'or ou minerai dont l'or constitue la principale valeur, exempt.
OR et ARGENT en lingots ou monnayés, lingots d'argent, monnaies d'argent, lingots d'or, monnaies d'or, exempts.
OR faux ou Or de Manheim ou de Hollande, exempt.
ORANGES et CITRONS, Ecorces, en saumure, exempts.
— — sèches, non candies, exemptes.
— Fruits, exempts.
— Jus (V. *Jus de citron.*)
ORCANETTE (racine d') (V. *Teintures non dénommées.*)
ORFÉVRERIE d'argent ou de vermeil, l'once troy., 1 sh. 6 d. (l'hectogr, 6 fr. 03 c.)
— d'or, l'once troy., 17 sh. (l'hectogr. 68 fr 55 c.)
ORGE perlé, le quintal, 4 d. 1/2 (les 100 kil. 93 c.)
ORPIMENT, exempt.
ORSEILLE, exempte.
Os autres que Fanons de baleine, calcinés ou non calcinés ou à l'état de charbon animal, pour les arts industriels, exempts.
— pour engrais, exempts.
OSIER pour vannerie, pelé et non pelé, exempt.
OUTREMER, exempt.
OUVRAGES en bois, cuir, métal, papier mâché, etc., vernis ou laqués, exempts.
PAILLE ou herbe pour tresses, exemptes.
PAINS à cacheter (V. *Papeterie non dénommée.*)
PALMES ou rameaux de palmier bruts et ouvrés, exempts.
PANIERS et Corbeilles, exempts.
PAPETERIE autre que papier, exempte.
PAPIER et CARTON, exempts.
PARAPLUIES (V. *Soie, — Tissus d'Europe*).
PARFUMERIE non dénommée.
PEAUX grandes et brutes, non tannées, non mégies, non corroyées ou non autrement préparées, sèches et vertes, exemptes.

PEAUX grandes et brutes (suite). — Mégies, corroyées ou autrement préparées, vernies, bronzées ou glacées, et autres, exemptes.

— — tannées, mais autrement préparées, exemptes.

— — de Russie ou de Moscou, entières ou en morceaux, tannées, coloriées, dépouillées de leur laine ou autrement préparées, exemptes.

— petites, pelleteries et fourrures de toute sorte, exemptes.

PEINTURES à l'huile ou tableaux, exemptes.

— photographies sur métal, sur verre ou toute autre substance autre que le papier, exemptes.

PENDULES, exemptes.

PERLES montées et non démontées.

PHOSPHORE (V. *Droguerie non dénommée*).

PIERRES : ardoises en blocs ou tranches brutes et taillées, exemptes.

— émeri, exempt.

— marbre en blocs ou tranches brutes et scié en tables ou autrement travaillé, exempt.

— meulières, brutes, équarries ou taillées, exemptes.

— — autres brutes équarries ou taillées, exemptes.

— lithographiques, exemptes.

— ponce, exempte.

PIERRES autres non dénommées, en blocs, taillés ou grossièrement ébauchées, exemptes.

— — en morceaux non équarries ou équarries, exemptes.

— précieuses, montées ou non montées : diamants et autres, y compris l'*Améthyste*, l'*Emeraude*, le *Rubis*, le *Saphir*, la *Topaze*, l'*Agate* ou *Cornaline*, le *Grenat*, le *Lazulite*, l'*Onyx*, etc., non montées, exemptes.

— — montées en argent ou en or (V. *Bijouterie*).

— à rasoir, exemptes.

PIMENT, exempt.

PIPES A FUMER en terre, exemptes.

Pistaches de terre (V. *Noix*).

Planchettes pour la fabrication de petites boîtes, exemptes.

Plaques de bois de rose, d'érable et autre bois dur pour marqueterie, exemptes.

Plaqués, exempts.

Platine, minerai, exempt.
— métal brut ou ouvré, exempt.

Platre (pierre à), exempte.
— de Paris, exempt.

Plomb, minerai, exempt.
— acétate, exempt.
— blanc (céruse), chromate et litharge, exempts.
— noir (mine de plomb) (V. *Plombagine*).
— rouge (minium), exempt.
— en saumons ou en feuilles, exempt.
— ouvré non dénommé, exempt.

Plombagine ou graphite, exempte.

Plumes à lits, en lits de plumes ou autres, exemptes.
— de parure, d'autruche blanches ou noires, exemp.
— autres, non dénommées, exemptes.
— à écrire non taillées, de cygne ou d'oie, exemptes.
— à écrire, taillées de toute sorte (V. *Papeterie non dénommée*).

Poils bruts de bœuf, de taureau, de vache ou d'élan, exempts.
— de chameau, exempts.

Poils de cheval (crins), exempts.
— de chèvre (V. *Laine*),
— d'homme (cheveux), exempts.
— non dénommés, exempts.
— ouvrés, tissus de poils de chèvre purs ou mélangés, exempts.
— — autres, purs ou mélangés, exempts.

Poires fraîches ou sèches, exemptes.

Poissons frais de pêche étrangère : anguilles, harengs, morues, saumons, tortues et non dénommés, exempts.

POISSONS (suite) préparés ou salés : anchois, harengs, morues, saumons, tortues et non dénommés, exempts.

POIVRE de toute espèce, la livre, 6 d. (le kil., 1 fr. 38 c.), plus un droit additionnel de 5 0/0, sur le montant du droit principal.

POIX de Bourgogne (V. *Droguerie non dénommée*).
— autre, exempte.

POMMADE, exempte.

POMMES fraîches ou sèches, exemptes.
— de terre, exemptes.

PONGEES (V. *Soie*, *Tissu de Chine*, etc.)

PORC frais ou salé, autre que jambons, exempt.

PORCELAINE de Chine ou autre, exempte.

POTASSE : bichromate, exempt.
— cendres (V. *Alcalis*).
— nitrate (V. *Salpêtre*).
— prussiate et sulfate, exempts.

POTERIE autre que porcelaine, exempte.

POUDRE à poudrer, le quintal, 4 d. 1/2 (les 100 kil., 93 c.)
— parfumée, 4 d. 1/2 (les 100 kil., 93 c.)
— non dénommée, applicable aux mêmes usages que l'amidon, le quintal, 4 d. 1/2 (les 100 kil., 93 c.)
— à tirer, exempte.

PRUNEAUX, le quintal, 7 sh. (les 100 kil., 17 fr. 23 c.)

PRUNES dites communément de France et pruneaux de Tours, le quintal, 7 sh. (les 100 kil., 17 fr. 23 c.)
— confites, au sucre, jusqu'au 30 juin 1862, la livre, 2 d. (le kil., 46 c.)
— autres, le quintal, 7 sh. (les 100 kil., 17 fr. 23 c.)
— sèches, non dénommées, le quintal, 7 sh. (les 100 kil. 17 fr. 23 c.)

QUASSIE, exempt.

QUININE (sulfate de), exempt.

RACINES d'aunée, de contrayerva, d'eryngium, de ratanhia, de serpentaire, (V. *Droguerie non dénommée.*)

RAISINS frais, exempts.

— de Corinthe, le quintal, 7 sh. (les 100 kil., 17 fr. 23 c.)

— secs, le quintal, 7 sh. (les 100 kil., 17 fr. 23 c.)

RÉGLISSE, jus, pâte, poudre et racine, exempt.

RÉSINE, brai sec ou colophane, exempte.

RHUBARBE, exempte.

RIZ en paille et en balle, exempt.

— mondé et non en balle, exempt.

— farine et grabeau, le quintal, 4 d. 1/2 (les 100 kil., 93 c.)

ROCOU en boules et en tablettes, exempt.

ROMALS (V. *Soie, Tissus de Chine*, etc., *Bandannas.*)

ROUGE (bois) ou bois de Guinée, exempt.

SABOTS de bétail, exempts.

SAFRAN, exempt.

SAFRE (oxyde de cobalt), exempt.

SAGOU, farine et fécule, le quintal, 4 d. 1/2 (les 100 kil., 93 c.)

SAINDOUX, exempt.

SALEP (V. *Droguerie non dénommée.*)

SALICINE, exempt.

SALPÊTRE, nitrate de potasse, exempt.

— nitrate de soude (V. *Nitrate.*)

SALSEPAREILLE, exempte.

SANGSUES, exemptes.

SANTAL (bois de) rouge, exempt.

SAPAN (bois de), exempt.

SASSAFRAS (bois de), exempt.

SAUCE de Chine ou du Japon dite *Soy*, exempte.

SAUCES ou condiments non dénommés, exempt.

SAUCISSONS, saucisses et boudins, exempts.

SAVON dur ou sec, exempt

— mou ou liquide, exempt.

SCAMMONÉE, exempt.

SCILLES (*Droguerie non dénommée.*)

Sel commun, exempt.
— ammoniac, de limon, de prunelle (*Droguerie non dénommée.*)
Semoule de Russie dite *Manna-Croup*, le quintal, 4 d. 1/2 (les 100 kil., 93 c.)
— autre, le quintal 4 d. 1/2 (les 100 kil., 93 c.)
Séné, exempt.
Seneka (racine de), exempt.
Smalt (cobalt vitrifié), exempt.
Soie et tissus de soie, soie en cocons, bourre et déchets de soie, exempte.
— — grége, exempte.
— — moulinée non teinte, simple ou trame, exempte.
— — — organsin ou pour crêpe, exempte.
— — — teinte simple ou trame, exempte.
— — — — organsin ou pour crêpe, exempte.
— Tissu de Chine, de l'Inde et autres pays hors d'Europe : *bandannas, choppas, corahs, drop-tussore, romals* et taffetas, exempts.
— — crêpes de Chine en châles, écharpes, fichus et en pièces, brodés, exempts.
— — — unis et damassés, exempts.
— — damas, exempt.
— — *pongees* en pièces et foulards, exempts.
— — autres non dénommés.
— Tissus d'Europe : crêpe ou gaze pure ou mélangée d'autre matière, exempt.
— — satin de soie uni, exempt.
— — — à raies, à dessins ou broché, exempt.
— — velours uni ou à dessin, exempt.
— — — dont le corps ou le bâti est en coton ou toute autre matière que la soie, exempt.
— — rubans en crêpes ou gaze pure ou mélangée d'autre matière, exempts.
— — — en peluche ou velours de soie pure ou mélangée de coton, exempts.

SOIE (suite). — Rubans en satin ou soie, à raies, à dessins ou brochés, exempts.

— — filet de fantaisie ou tricot, exempt.

— — peluche de soie pure ou mélangée d'autre matière, employée pour la fabrication des chapeaux, exempte.

— — — autre, exempte.

— — ombrelles et parapluies, exempts.

— — articles et ouvrages de mode : chapeaux de femme, turbans et bonnets, robes, exempts.

— Tissus de soie pure ou mélangée d'autre matière, non dénommés, exempts.

— de porc et de sanglier, exemptes.

SON et issues de blé, exempts.

SOUDE, nitrate (V. *Nitrate*).

— sulfate, exempt.

SOUFRE brut, épuré et fleur de soufre, exempts.

SPERMACETI ou blanc de baleine, exempt.

SPIGÉLIE (racine de), exempte.

SPIRITUEUX non édulcorés ou non mélangés d'une substance quelconque qui empêche que le degré de force en puisse être exactement vérifié par l'hydromètre de Sykes ; — n'excédant pas la force de preuve (1) d'après l'hydromètre préindiqué et en proportion pour toute force au-dessus ou au-dessous de celle qui vient d'être indiquée et pour toute quantité au-dessus ou au-dessous de 1 gallon (4 litres 543) : eau-de-vie et genièvre, le gallon, 10 sh. 5 d. (l'hectol., 286 fr. 59 c.)

— rhum étranger, importé du pays de production, le gallon, 10 sh. 2 d. (l'hectol., 279 fr. 77 c.)

— — d'ailleurs, le gallon, 10 sh. 5 d. (l'hectolitre, 286 fr. 59 c.)

(1) 56 degrés de l'alcoolomètre centésimal ou 21 1/2 degrés de l'aréomètre de Cartier.

Spiritueux (suite). — Tafia des colonies françaises, le gallon, 10 sh. 2 d. (l'hectol., 279 fr. 77 c.)

— rhum et spiritueux d'une possession anglaise en Amérique ou de l'île Maurice, d'une possession anglaise dans les limites de la Charte de la Compagnie des Indes-Orientales, placée dans les conditions imposées par l'acte du 6 avril 1841 (1), le gallon, 10 sh. 2 d. (l'hectol., 279 fr. 77 c.)

— autres non dénommés, le gallon, 10 sh. 5 d. (l'hectol., 286 fr. 59 c.)

— édulcorés ou mélangés d'une substance quelconque qui empêche que le degré de force en puisse être exactement vérifié par l'hydromètre de Sykes : — rhum *shrub* (2), cordiaux et liqueurs d'une possession anglaise en Amérique ou de l'île Maurice, ou d'une possession anglaise dans les limites de la Charte de la Compagnie des Indes-Orientales, placée dans les conditions préindiquées, le gallon, 10 sh. 2 d. (l'hectol., 279 fr. 77 c.)

— parfumés, destinés à être employés comme parfumerie seulement, le gallon, 14 sh. (l'hectolit., 385 fr. 20 c.)

— eau de Cologne en flacons (les 30 flacons ne contenant pas plus de 1 gallon) (4 litres 543), le flacon, 6 d. (le flacon, 62 c.)

— — autre qu'en flacons, le gallon, 14 sh. (l'hectolitre, 38 fr. 20 c.).

— autres non dénommés, le gallon, 14 sh. (l'hectolitre, 38 fr. 20 c.).

Nota. — Les spiritueux et eaux spiritueuses mélangés d'un ingrédient quelconque et importés dans le

(1) Acte 8 de la 4e année de Victoria. Ces conditions sont la prohibition dans lesdites Possessions de l'importation des sucres et rhums des contrées étrangères et des Possessions anglaises où les sucres et rhums étrangers peuvent être importés.

(2) Liqueur composée d'un mélange de rhum, de jus de citron, de sucre et d'eau.

Royaume-Uni sous une dénomination quelconque et *autres* que le *vernis*, seront réputés spiritueux et eaux spiritueuses et acquitteront les droits comme tels.

STAPHISAIGRE (V. *Droguerie non dénommée*).
STÉARINE, exempt.
SUCRE, jusqu'au 30 juin 1862 : sucre candi, blanc ou brun, le quintal, 18 sh. 4. (les 100 kil., 45 fr. 10 c.)
— raffiné et sucre rendu, par un procédé quelconque, égal en qualité au sucre raffiné, le quintal, 18 sh. (les 100 kil., 45 fr. 10 c.)
— terré blanc et sucre rendu, par un procédé quelconque, égal en qualité au sucre terré blanc, non raffiné ni égal en qualité au sucre raffiné, le quintal 16 sh. (les 100 kil. 39 fr. 36 c.)
— — brun et sucre rendu, par un procédé quelconque, égal en qualité au sucre terré brun et inférieur en qualité au sucre terré blanc, le quint. 13 sh. 10 d. (les 100 k. 34 f. 3 c.)
— moscouade blond et sucre rendu, par un procédé quelconque, égal en qualité au sucre moscouade blond et inférieur en qualité au sucre terré blanc, le quintal 13 sh. 10 d. (les 100 kil. 34 fr. 3 c.)
— — brun et sucre inférieur en qualité au sucre moscouade blond, le quintal 12 sh. 8. d. (les 100 kil. 31 fr. 16 c.
— jus de canne, le quintal 10 sh. 4 d. (les 100 kil. 25 fr. 42 c.)
— mélasse, le quintal 5 sh. (les 100 kil 12 fr. 30 c.)
SUIF végétal et autre, exempt.
SUMAC, exempt.
TABAC en feuilles écôtées ou non écôtées, la livre 3 sh. (le kil. 8 fr. 27 c.)
— à fumer et cigares, la liv. 9 sh. (le k. 28 f. 81 c.)
— à priser, la livre 6 sh. (le kil. 16 fr. 54 c.) plus le droit additionnel de 5 0/0 du montant du droit principal.
— côtes entières ou en poudre, prohibé.

Tamarins, exempts.
Tapioca, le quintal 4 d. 1/2 (les 100 kil. 95 c.)
Tartre brut, exempt.
Teintures et substances employées au tannage, non dénommées, exemptes.
Térébenthine de Chypre, de Chio et de Venise (V. *Droguerie non dénommée*).
Terre d'ombre et terre de Sienne, exemptes.
Thé, jusqu'au 30 juin 1862, la livre 1 sh. 5 d. (le kil. 3 fr. 91 c.)
Toile cirée exempte.
Tour (ouvrages de) non dénommés, exempts.
Tourteaux de graines oléagineuses, de graines de coton, de graines de lin, de graines de navette et autres non dénommés, exempts.
Truffes, exemptes.
Vallonées, exemptes.
Vanille, exempte.
Vannerie : tresses et autres tissus propres à la fabrication ou à l'ornementation des chapeaux d'homme et de femme, de paille, exempte.
— — autre, exempte.
Végétaux confits (V. *Conserves et Bonbons*).
— non dénommés, exempts.
Vermicelle et Macaroni, le quintal, 4 d. 1/2 (les 100 kilogr., 93 c.).
Vermillon, exempt.
Vernis contenant une quantité quelconque d'esprit ou d'alcool, le gallon, 12 sh. (l'hectolitre, 330 fr. 17 c.).
— non dénommé, exempt.
Verre et Verrerie : bouteilles communes ou bouteilles vertes (noires), exempts.
— Cristaux unis y compris les carafes, exempts.
— — taillés, de couleur ou décorés, exempts.
— Verre étamé en glaces ou miroirs, exempt.
— — en glaces, coulé ou soufflé.
— — à vitres et verre d'Allemagne en feuilles, y

compris les verreries, cylindres et garde-brises, exempt.

VERRE et VERRERIE (suite). — Verrerie non dénommée et verre vieux cassé (Groisil), exempt.

VESSIES, exemptes.

VIANDE fraîche ou salée non dénommée, exempte.

— Conserves de toute sorte autres que salées, exemp.

VINAIGRE, le gallon, 3 d. (l'hectolitre, 6 fr. 88 c.).

VINS blancs, rouges et lies de vin en futailles, contenant d'*esprit de preuve* (1) d'après l'hydromètre de Sykes : moins de 18 0/0, le gallon, 1 sh. (l'hectolitre, 27 fr. 51 c.).

— — moins de 26 0/0, le gallon, 1 sh. 9 d. (l'hectolitre, 48 fr. 15 c.).

— — moins de 40 0/0, le gallon, 2 sh. 5 d. (l'hectolitre, 66 fr. 49 c.).

— — moins de 45 0/0, le gallon, 2 sh. (l'hectolitre, 80 fr. 25 c.).

— en bouteilles, contenant moins de 40 0/0 d'*esprit de preuve*, le gallon, 2 sh. 5 d. (l'hectol., 66 fr., 49 c.).

NOTA. — Les vins contenant 45 0/0 et plus d'esprit de preuve, d'après l'hydromètre de Sykes, seront, à leur importation dans la Grande-Bretagne et en Irlande, réputés *spiritueux édulcorés* et passibles du droit applicables auxdits spiritueux.

Il ne pourra être employé plns de 10 0/0 d'esprit de preuve pour enforcir les vins en entrepôt, et aucun vin ne pourra être enforci en entrepôt à un degré supérieur à 40 0/0 dudit esprit de preuve.

VOITURES de toute sorte, exemptes.

VOLAILLE et GIBIER morts ou vivants, y compris les lapins, exempt.

ZINC (minerai de), exempt.

— brut en gâteaux, exempt.

— laminé, mais non autrement ouvré, exempt.

(1) L'*esprit de preuve* contient 50 p. 0/0 d'alcool.

Zinc (minerai de) (suite). — Oxyde ou blanc de zinc, exempt.

— ouvré non dénommé, exempt.

Articles non dénommés, fabriqués entièrement ou en partie, exempts.

— non fabriqués entièrement ou en partie, exempts.

Nota. — Les marchandises dont l'importation ou l'usage dans la Grande-Bretagne ou en Irlande n'est point prohibé, et dans la composition ou fabrication desquelles entre un article passible de droit, acquitteront le droit applicable audit article.

Celles dans la composition ou fabrication desquelles entrent plusieurs articles passibles de droits acquitteront le droit applicable à l'article passible du droit le plus élevé.

MONNAIES, POIDS ET MESURES

MONNAIES.

l.	Livre *sterling* (20 *shillings*)	franc.	25 » »
s.	*Shilling* (12 deniers ou *pence*)	id.	1 25
d.	Denier ou *penny*.	id.	» 10 4166
qrs.	Farthing	id.	» 02 6041

POIDS.

Poids *avoir du poids.*	Livre (16 onces)	kilogr.	0.4535
	Once (16 *drams*)	id.	0.028346
	Quintal (112 livres	id.	50.797
	Tonneau (20 quintaux)	id.	1015.940
Poids *troy.*	Once (20 deniers ou *penny weights*). .	gram.	31. »
	Denier.	id.	1.555

MESURES DE LONGUEUR.

Yard (3 pieds).	mètre.	0.9144
Pied (12 pouces).	id.	0.3048
Pouce	id.	0.0254
Fathom (6 pieds)	id.	1.829

MESURES ITINÉRAIRES.

Mille dit *Statute mile* (1,760 *yards*)	kilom.	1.609
Lieue marine (3 milles 454).	id.	5.558

MESURES DE SUPERFICIE.

Yard carrée (9 pieds carrés)	mèt. car.	0.8361
Pied id. (144 pouces id.)	id.	0.0929
Pouce id.	déci. car.	0.0645

MESURES DE SOLIDITÉ.

Pied cube.	déci. cub.	28.315
Pouce id.	id.	0.016386
Load (last) de bois (50 pieds cubes)	mèt. cub.	1.415852
Fathom cube (216 id.)	id.	6.116040
Tonneau de mer (40 id.)	id.	1.132682

MESURES DE CAPACITÉ.

LIQUIDES.

Gallon (4 *quarts*)	litre.	4.543
Quarts (2 *pints*)	id.	1.136
Pint.	id.	0.568
Gill (1/4 de *pint*)	id.	0.142
Baril autre qu'à bière (pas plus de 31 1/2 *gallons*).	id.	143.105
Baril à bière (pas plus de 32 *gallons*).	id.	145.376
Tonne (252 *gallons*)	id.	1144.836
Last (Goudron) (12 barils n'ayant chacun pas plus de 31 1/2 *gallons*).	id.	1717.254

MARCHANDISES SÈCHES.

Boisseau (8 *gallons*)	id.	36.344
Quarter (8 boisseaux)	id.	290.752

TEXTE

DU TRAITÉ CONCLU AVEC LA BELGIQUE

DÉCRET

Qui prescrit la promulgation du Traité de commerce conclu le 1er mai 1861 entre la France et la Belgique.

(Inséré au Bulletin des Lois du 31 mai 1861, n° 938)

NAPOLÉON, par la grâce de Dieu et la volonté nationale, EMPEREUR DES FRANÇAIS, à tous présents et à venir, SALUT.

Sur le rapport de notre ministre secrétaire d'Etat au département des affaires étrangères,

AVONS DÉCRÉTÉ et DÉCRÉTONS ce qui suit :

ARTICLE PREMIER.

Un traité de commerce, suivi de quatre tarifs, ayant été conclu le 1er mai 1861 entre la France et la Belgique, et les ratifications de cet acte ayant été échangées à Paris le 27 mai 1861, ledit traité, dont la teneur suit, recevra sa pleine et entière exécution.

TRAITÉ.

S. M. l'Empereur des Français et S. M le Roi des Belges, également animés du désir de resserrer les liens d'amitié qui unissent les deux peuples et voulant améliorer et étendre les relations commerciales entre leurs Etats respectifs, ont résolu de conclure un traité à cet effet et ont nommé pour leurs plénipotentiaires, savoir :

S. M. l'Empereur des Français,

M. Thouvenel, sénateur de l'Empire, grand-croix de son ordre impérial de la Légion d'honneur, chevalier de l'ordre de Léopold de Belgique, etc., son ministre et secrétaire d'Etat au département des affaires étrangères.

Et M. Rouher, sénateur de l'Empire, grand-croix de l'ordre impérial de la Légion d'honneur, etc , son ministre secrétaire d'Etat au département de l'agriculture, du commerce et des travaux publics ;

Et S. M. le Roi des Belges,

M. Firmin Rogier, grand-officier de l'ordre de Léopold, décoré de la Croix de fer, grand-officier de l'ordre impérial de la Légion d'honneur, etc., son envoyé extraordinaire et ministre plénipotentiaire près Sa Majesté l'Empereur des Français ;

Et M. Charles Liedts, grand-officier de l'ordre de Léopold, décoré de la Croix de fer, grand-officier de l'ordre impérial de la Légion d'honneur, etc., son ministre d'Etat, en mission extraordinaire près Sa Majesté l'Empereur des Français ;

Lesquels, après s'être communiqué leurs pleins pouvoirs, trouvés en bonne et due forme, sont convenus des articles suivants :

ART. 1er. Les objets d'origine ou de manufacture belge énumérés dans le tarif *A* (1) joint au présent traité, et im-

(1) Voir le tableau du droit, page 25.

portés directement par terre ou par mer sous pavillon français ou belge, seront admis en France aux droits fixés par ledit tarif, décimes additionnels compris.

2. Les objets d'origine ou de manufacture française énumérés dans le tarif *B* joint au présent traité, et importés directement par terre ou par mer sous pavillon belge ou français, seront admis en Belgique aux droits fixés par ledit tarif, centimes additionnels compris.

3. Les droits à l'exportation de l'un des deux Etats dans l'autre sont modifiés conformément aux tarifs *C* et *D* annexés au présent traité.

4. Indépendamment des droits de douane stipulés dans le tarif *A* annexé au présent traité, les produits d'origine ou de manufacture belge ci-dessous énumérés seront à leur importation en France, et à titre de compensation des droits équivalents supportés par les fabricants français, assujettis aux taxes supplémentaires ci-après déterminées :

Soude brute, 4 fr. 35 c. les 100 kil.
Cristaux de soude, 4 fr. 35 c.
Sulfate de soude pur anhydre, 6 fr. les 100 kil.
— — cristallisé ou hydraté, 2 fr. 40 c.
— impur anhydre, 5 fr. 40 c.
— — cristallisé ou hydraté, 2 fr. 10 c.
Sulfite de soude, 6 fr.
Sel de soude, 11 fr.
Acide hydrochlorique, 3 fr.
Chlorure de chaux, 7 fr. 50 c.
Chlorate de potasse, 66 fr.
Chlorure de magnésium, 4 fr.
Glaces ou grands miroirs, 1 fr. le mètre sup.
Gobeletterie, verres à vitres et autres verres blancs, 2 fr. les 100 kil.
Bouteilles, 80 c.
Outremer factice, 6 fr. 75 c.
Sel ammoniac, 10 fr.
Soudes de varech, 1 fr. 50 c.

Salin ou résidu brut de la calcination des vinasses de betterave, 1 fr. 25 c.
Sel d'étain, 3 fr.

Savons :

Savons blancs ou marbrés, composés d'alcalis et d'huile d'olive ou de graines grasses, pures ou mélangés de graisses animales :
L'huile entrant pour la moitié au moins dans le mélange des corps gras, 8 fr. 20 c. les 100 kil.
L'huile entrant pour moins de moitié dans le mélange des corps gras, 6 fr.
Savons de graisses animales :
Purs, 6 fr.
Mélangés de résine, 6 fr.
Savons d'huile de palme ou de coco mélangés de graisses animales, 4 fr.
Savons de couleur, composés d'huile de graine ou de graisses animales, 6 fr.
Alcool pur, liqueurs, eau-de-vie en bouteilles, 9 fr. l'hec.
Bière, 2 fr. 40 c.
Vernis à l'exprit-de-vin, par hectolitre d'alcool pur contenu dans le vernis, 90 fr.

Il est entendu que le sucre brut et les sucres raffinés ne sont pas compris dans cette nomenclature, parce que les droits de 32, de 41 et de 44 francs par 100 kilogr. fixés à l'importation de ces produits comprennent l'impôt de consommation dont ils sont actuellement grevés en France.

5. Il est convenu entre les Hautes Parties contractantes que, dans le cas de suppression ou de réduction des drawbacks actuellement existant à l'importation des produits français, les taxes supplémentaires imposées par l'article précédent aux produits d'origine ou de manufacture belge seront supprimées ou réduites de sommes égales à celles dont seraient diminués ces drawbacks.

Toutefois, en cas de suppression, si le gouvernement

établit une surveillance, un contrôle ou un exercice administratif sur certains produits fabriqués français, les charges directes ou indirectes dont seront grevés les fabricants français, seront compensées par une surtaxe équivalente établie sur les produits similaires belges.

Il demeure, en outre, convenu, que si des drawbacks sont accordés à d'autres produits de fabrication française, ou si les drawbacks actuels sont augmentés, les droits qui grèvent les produits d'origine ou de fabrication belge pourront être augmentés, s'il y a lieu, d'une surtaxe égale au montant de ces drawbacks.

Les drawbachs établis à l'exportation des produits français ne pourront être que la représentation exacte des droits d'accise grevant lesdits produits ou les matières dont ils sont fabriqués.

La Belgique jouira des mêmes droits que ceux que se réserve la France par les dispositions qui précèdent.

6. Si l'une des Hautes Parties contractantes juge nécessaire d'établir un droit d'accise nouveau ou un supplément de droit d'accise sur un article de production ou de fabrication nationale compris dans les tarifs annexés au présent traité l'article similaire étranger pourra être immédiatement grevé à l'importation d'un droit égal.

Toutefois, les droits d'accise sur les vins en Belgique ne pourront être augmentés.

7. Les marchandises de toute nature, originaires de l'un des deux pays et importées dans l'autre, ne pourront être assujetties à des droits d'accise ou de consommation supérieurs à ceux qui grèvent ou grèveraient les marchandises similaires de production nationale. Toutefois, les droits à l'importation pourront être augmentés des sommes qui représenteraient les frais occasionnés aux producteurs nationaux par le système de l'accise.

8. Le tarif pour l'entrée en Belgique du sel brut d'origine française, importé directement par terre ou par mer sous pavillon français ou belge, est réglé ainsi qu'il suit :

Sel brut, libre.

Les sels marins bruts d'origine française importés directement de France en Belgique par mer jouiront dans ce dernier pays, à titre de déchet sur le taux des droits d'accise, d'une bonification de 7 0/0 en sus de celle qui pourrait être accordée aux sels de toute autre provenance.

Pour être admis à jouir de la réfaction de 7 0/0, les sels marins français devront être accompagnés d'un certificat délivré par les agents consulaires belges, ou, à leur défaut, par l'administration des douanes du port d'embarquement, et attestant que ces sels n'ont été soumis en France à aucune opération de raffinage. Faute de remplir cette condition, les intéressés n'obtiendront la déduction de 7 0/0 qu'en fournissant la preuve du raffinage en Belgique.

La saumure est assimilée au sel brut et taxée à raison de la quantité de sel qu'elle contient, d'après la proportion fixée par la législation belge.

Le sel raffiné d'origine française sera admis en exemption de droits d'entrée pour les usages auxquels la législation belge accorde l'exemption du droit d'accise sur le sel brut.

Le Gouvernement belge se réserve de limiter à certains bureaux de douane l'importation par terre des sels français et de prescrire pour le transport de ces sels des conditions propres à assurer la perception des droits.

9. Les sucres d'origine ou de fabrication belge importés directement par terre ou par mer, sous pavillon français ou belge, sont admis en France aux droits ci-après :

Raffinés (droits de consommation compris), 41 francs les 100 kilogrammes ;

Candis (droit de consommation compris), 44 francs les 100 kilogrammes ;

Bruts de betterave (non compris le droit de consommation de 30 francs), 2 francs les 100 kilogrammes.

Les sucres d'origine ou de fabrication française, importés directement par terre ou par mer, sous pavillon français ou belge, seront admis en Belgique aux droits ci-après :

Raffinés, mélis, lumps et candis (droits d'accise compris), 60 francs les 100 kilogrammes;

Bruts de betterave (non compris le droit d'accise de 45 francs par 100 kilogrammes), 1 fr. 20 c. les 100 kilogrammes.

Comme conséquence des tarifs qui précèdent, il est convenu entre les Hautes Parties contractantes que :

1° Le droit d'accise en Belgique sera fixé à 45 francs par 100 kilogrammes sur les sucres bruts de canne et de betterave;

2° Le taux des décharges à l'exportation sera réduit, savoir :

A 60 francs par 100 kilogrammes pour le sucre candi sec, dur et transparent, reconnu tel par la douane ;

A 55 francs 50 cent. par 100 kilogrammes pour les sucres raffinés en pains, mélis et lumps blancs, bien épurés et durs;

En enfin, à 45 francs pour tous les autres sucres raffinés de qualité inférieure.

3° Les tares sur les sucres bruts de canne seront fixées dans les deux pays d'une manière uniforme d'après le poids moyen effectif des emballages, après une vérification faite contradictoirement dans les ports d'Anvers, de Gand, du Havre, de Nantes et de Bordeaux.

10. Si la législation sur les sucres bruts ou raffinés dans l'un des deux Etats est ultérieurement modifiée, les tarifs réciproquement fixés par l'article précédent à l'importation des sucres bruts, raffinés ou candis, en France ou en Belgique, seront révisés d'un commun accord entre les Hautes Parties contractantes ; jusqu'à ce que cet accord soit intervenu, chaque Puissance pourra modifier les droits à l'importation des sucres provenant des Etats de l'autre Puissance.

11. Le droit d'accise établi en Belgique sur les vins d'origine française sera réduit ainsi qu'il suit, savoir :

A partir du 1er juillet 1861, à 27 fr. 50c. l'hectolitre.
— 1er janvier 1862, à 25 fr. 00
— 1er juillet 1862, à 21 fr. 50 c.

Le droit d'entrée en Belgique sur les vins d'origine française est fixé ainsi :

Vins en cercles, 50 c. l'hectolitre.
— en bouteilles, 1 fr. 50 c.

Ne seront pas réputés vins les liquides contenant une quantité d'alcool supérieure à 28 p. 0/0.

12. Les articles d'orfévrerie et de bijouterie en or, en argent, platine ou autres métaux, importés de l'un des deux pays, seront soumis dans l'autre au régime de contrôle établi pour les articles similaires de fabrication nationale et paieront, s'il y a lieu, sur la même base que ceux-ci, les droits de marque et de garantie.

13. Indépendamment du régime d'entrée établi par le présent traité à l'égard des produits non originaires de Belgique, ces mêmes produit seront soumis aux surtaxes de navigation dont sont ou pourront être frappés les produits importés en France, sous pavillon français, d'ailleurs que des pays d'origine.

14. Les marchandises de toute origine importées de France par la frontière de terre seront admises à l'entrée en Belgique aux mêmes droits que si elles y étaient importées directement de France par mer et sous pavillon français.

Les marchandises spécifiées ou non en l'article 22 de la loi du 28 avril 1816, importées de Belgique par la frontière de terre, seront admises pour la consommation intérieure de l'Empire, moyennant l'acquittement des droits établis pour les provenances autres que celles des pays de production, sous pavillon français. Toutefois, pour les cafés, la surtaxe ne dépassera pas 5 francs par 100 kilogrammes, décime compris.

Pendant la durée du présent traité, aucune augmentation ne pourra être apportée aux surtaxes actuellement établies à l'importation par la frontière de terre sur les produits ci-après désignés :

Bois d'ébénisterie ;
Bois de teinture ;
Cacao ;
Coton en laine ;
Laines en masse ;
Peaux brutes ;
Riz ;
Potasses ;
Guano ;
Résineux exotiques ;
Salpêtres ;
Thé ;
Graines oléagineuses ;
Graisses ;
Huiles ;

15. Pour faciliter la circulation des produits agricoles sur la frontière des deux pays, les céréales en gerbes et en épis, les foins, la paille et les fourrages verts seront réciproquement importés et exportés en franchise de droits.

16. Les deux Hautes Parties contractantes prennent l'engagement de ne pas interdire l'exportation de la houille et de n'établir aucun droit sur cette exportation.

De son côté, le Gouvernement français s'engage à ne pas élever, pendant la durée du présent traité, les droits actuellement applicables à l'importation en France des houilles, cokes et briquettes de charbon d'origine belge.

Le droit à l'importation en Belgique des charbons de terre, du coke et des briquettes de charbon d'origine française est réduit à 1 franc par 1,000 kilogrammes.

17. La décharge du droit d'accise accordée à l'exportation de Belgique pour les bières et les vinaigres sera réduite à 2 francs 50 c. par hectolitre.

Cette décharge ne pourra être accordée qu'aux bières et vinaigres de bonne qualité, conformément à la législation belge actuelle.

18. Pour établir que les produits sont d'origine ou de manufacture nationale, l'importateur devra présenter à la douane de l'autre pays, soit une déclaration officielle faite devant un magistrat siégeant au lieu d'expédition, soit un certificat délivré par le chef du service des douanes du bureau d'exportation, soit un certificat délivré par les consuls ou agents consulaires du pays dans lequel l'importation doit être faite et qui résident dans les lieux d'expédition ou dans les ports d'embarquement.

Les consuls ou agents consulaires respectifs légaliseront les signatures des autorités locales.

19. Les droits *ad valorem* stipulés par le présent traité seront calculés sur la valeur, au lieu d'origine ou de fabrication, de l'objet importé, augmentée des frais de transports, d'assurance et de commission nécessaires pour l'importation dans l'un des deux États jusqu'au lieu d'introduction.

L'importateur devra, indépendamment du certificat d'origine, joindre à sa déclaration écrite, constatant la valeur de la marchandise importée, une facture indiquant le prix réel et émanant du fabricant ou du vendeur.

Cette facture sera visée par un consul ou agent consulaire de la Puissance dans le territoire de laquelle l'importation doit être faite.

20. Si la douane juge insuffisante la valeur déclarée, elle aura le droit de retenir les marchandises, en payant à l'importateur le prix déclaré par lui, augmenté de 5 p. 0/0.

Ce paiement devra être effectué dans les quinze jours qui suivront la déclaration, et les droits, s'il en a été perçu, seront en même temps restitués.

21. L'importateur contre lequel la douane l'un des deux pays voudra exercer le droit de préemption sti-

pulé par l'article précédent pourra, s'il le préfère, demander l'estimation de sa marchandise par des experts. La même faculté appartiendra à la douane, lorsqu'elle ne jugera pas convenable de recourir immédiatement à la préemption.

22. Si l'expertise constate que la valeur de la marchandise ne dépasse pas de 5 p. 0/0 celle qui est déclarée par l'importateur, le droit sera perçu sur le montant de la déclaration.

Si la valeur dépasse de 5 p. 0/0 celle qui est déclarée, la douane pourra, à son choix, exercer la préemption ou percevoir le droit sur la valeur déterminée par les experts.

Ce droit sera augmenté de 50 p. 0/0, à titre d'amende si l'évaluation des experts est de 10 p. 0/0 supérieure à la valeur déclarée.

Les frais d'expertise seront supportés par le déclarant, si la valeur déterminée par la décision arbitrale excède de 5 p. 0/0 la valeur déclarée; dans le cas contraire, ils seront supportés par la douane.

23. Dans le cas prévu par l'art. 22, les deux arbitres experts seront nommés, l'un par le déclarant, l'autre par le chef local du service des douanes; en cas de partage, ou même au moment de la constitution de l'arbitrage, si le déclarant le requiert, les experts choisiront un tiers arbitre; s'il y a désaccord, celui-ci sera nommé par le président du tribunal de commerce du ressort. Si le bureau de déclaration est à plus d'un myriamètre du siége du tribunal de commerce, le tiers arbitre pourra être nommé par le juge de paix du canton.

La décision arbitrale devra être rendue dans les quinze jours qui suivront la constitution de l'arbitrage.

24. Les déclarations doivent contenir toutes les indications nécessaires pour l'application des droits. Ainsi, outre la nature, l'espèce, la qualité, la provenance et la destination de la marchandise, elles doivent énoncer le poids, le nombre, la mesure ou la valeur, suivant le cas.

Si, par suite de circonstances exceptionnelles, le déclarant se trouve dans l'impossibilité d'énoncer la quantité à soumettre aux droits, la douane pourra lui permettre de vérifier lui-même, à ses frais, dans un local désigné ou agréé par elle, le poids, la mesure ou le nombre; après quoi l'importateur sera tenu de faire la déclaration détaillée de la marchandise dans les délais voulus par la législation de chaque pays.

25. A l'égard des marchandises qui acquittent les droits sur le poids net, si le déclarant entend que la perception ait lieu d'après le *net réel*, il devra énoncer ce poids dans sa déclaration. A défaut la liquidation des droits sera établie sur le poids brut, sauf défalcation de la tare légale.

26. Il est convenu entre les Hautes Parties contractantes que les droits fixés par le présent traité ne subiront aucune réduction du chef d'avarie ou de détérioration quelconque des marchandises.

27. A l'égard des tissus purs ou mélangés, taxés à la valeur, dont l'estimation leur paraîtrait présenter des difficultés, les Gouvernements français et belge se réservent la faculté de désigner exclusivement pour l'admission de ces marchandises, le premier, la douane de Paris, le second, la douane de Bruxelles.

28. Pour la fixation des droits établis sur les tissus de lin, de chanvre ou de jute écrus ou blanchis, l'Administration des douanes françaises se conformera aux types arrêtés entre les deux Gouvernements, suivant procès-verbal sous la date de ce jour.

Dans la vérification des tissus belges par le compte-fil, toute fraction de fil sera négligée.

29. L'importateur de machines et mécaniques entières ou en pièces détachées et de toutes autres marchandises énumérées dans le présent traité, est affranchi de l'obligation de produire à la douane de l'un ou de l'autre pays tout modèle ou dessin de l'objet importé.

30. Les marchandises de toute nature venant de l'un des deux États, ou y allant, seront réciproquement exemptes dans l'autre État de tout droit de transit.

Toutefois, la prohibition est maintenue pour la poudre à tirer, et les deux Hautes Parties contractantes se réservent de soumettre à des autorisations spéciales le transit des armes de guerre.

Le traitement de la nation la plus favorisée est réciproquement garanti à chacun des deux pays pour tout ce qui concerne le transit.

31. Les marchandises transportées de Maubeuge à Givet, et *vice versâ*, par la route directe passant par Philippeville, seront exemptes de toute visite tant à l'entrée qu'à la sortie, sauf en cas de soupçons d'abus, sous les conditions suivantes :

1° Les transports se feront par voitures fermées ayant un panneau de charge susceptible d'être convenablement cadenassé ;

2° Une déclaration sera faite au bureau d'entrée belge, d'après l'expédition de sortie délivrée par la douane française ;

3° Le voiturier ou l'entrepreneur des transports fournira caution pour les droits et pénalités exigibles en cas de fraude.

32. Jusqu'à l'achèvement des chemins de fer de Saint-Jean-de-Maurienne à la frontière espagnole, l'Administration française appliquera, sous les conditions déterminées par l'article précédent, aux marchandises venant de Belgique ou y allant, les mêmes facilités de transit que si l'entrée et la sortie dans ces directions avaient lieu par chemin de fer.

33. Les voyageurs de commerce francais voyageant en Belgique pour le compte d'une maison française, seront soumis à une patente fixe de 20 francs, additionnels compris.

Réciproquement, les voyageurs de commerce belges voyageant en France pour le compte d'une maison belge seront soumis à une patente fixe de 20 francs, additionnels compris.

34. Les objets passibles d'un droit d'entrée qui servent d'échantillons, et qui sont importés en Belgique par

des commis-voyageurs de maisons françaises ou en France par des commis voyageurs de maisons belges, seront, de part et d'autre, admis en franchise temporaire, moyennant les formalités de douane nécessaires pour en assurer la réexportation ou la réintégration en entrepôt; ces formalités seront les mêmes en France et en Belgique et elles seront réglées d'un commun accord entre les deux Gouvernements.

35. Les dispositions du présent traité de commerce seront applicables à l'Algérie, tant pour l'exportation des produits de cette possession que pour l'importation des marchandises belges.

36. Les titres émis par les communes, les départements, les établissements publics et les sociétés anonymes de France, qui seront cotés à la Bourse de Paris, seront admis à la cote officielle des Bourses de Belgique.

Réciproquement, les titres émis par les provinces, les communes, les établissements publics et les sociétés anonymes de Belgique, cotés à la Bourse de Bruxelles, seront admis à la cote officielle des Bourses de France.

Toutefois, ces dispositions ne seront pas applicables aux valeurs émises avec lots ou primes attribuant au prêteur ou porteur de titres un intérêt inférieur à 3 0/0, soit du capital nominal, soit du capital réellement emprunté, si celui-ci est inférieur au capital nominal.

37. Chacune des deux Hautes Parties contractantes s'engage à faire profiter l'autre de toute faveur, de tout privilége ou abaissement dans les tarifs des droits à l'importation ou à l'exportation des articles mentionnés ou non dans le présent traité, que l'une d'Elles pourrait accorder à une tierce Puissance. Elles s'engagent, en outre, à n'établir l'une envers l'autre aucun droit ou prohibition d'importation ou d'exportation qui ne soit, en même temps, applicable aux autres nations.

38. Le traité conclu entre les Hautes Parties contractantes le 27 février 1854, continuera provisoirement à être appliqué jusqu'à la mise en vigueur des présentes stipulations.

39. Le présent traité sera soumis à l'assentiment des chambres législatives de Belgique.

40. Le présent traité restera en vigueur pendant dix années, à partir du jour de l'échange des ratifications. Dans le cas où aucune des deux Hautes Parties contractanctes n'aurait notifié, douze mois avant la fin de ladite période, son intention d'en faire cesser les effets, il demeurera obligatoire jusqu'à l'expiration d'une année, à partir du jour où l'une où l'autre des Hautes Parties contractantes l'aura dénoncé.

Les Hautes Parties contractantes se réservent la faculté d'introduire, d'un commun accord, dans ce traité, toutes modifications qui ne seraient pas en opposition avec son esprit ou ses principes, et dont l'utilité serait démontrée par l'expérience.

41. Les stipulations qui précèdent seront exécutoires dans les deux Etats le cinquième jour après l'échange des ratifications.

Toutefois, les tarifs ne seront réciproquement mis en vigueur que le 1er juillet prochain pour les sucres bruts et raffinés, et que le 1er octobre suivant à l'égard des produits prohibés à l'entrée par la législation douanière de la France.

42. le présent Traité sera ratifié et les ratifications en seront échangées à Paris dans le délai de deux mois, ou plutôt si faire se peut, et simultanément avec celles des deux conventions relatives à la navigation et à la propriété littéraire.

En foi de quoi les Plénipotentiaires respectifs l'ont signé et y ont apposé le cachet de leurs armes.

Fait en double expédition à Paris, le premier jour du mois de mài de l'an de grâce mil huit cent soixante et un.

(L. S.) Thouvenel. (L. S.) Firmin Rogier.
(L. S.) Rouher. (L. S.) Liedts.

TARIF A.

Annexé au traité conclu, le 1er mai 1861, entre la France et la Belgique.

(Article 1er.)

(V. le tableau page 25.)

TARIF B

Annexé au traité de commerce conclu le 1er mai 1861 entre la France et la Belgique

(Article 2.)

DROITS A L'ENTRÉE EN BELGIQUE

MÉTAUX

Minerai de fer et limailles, libres.
Fonte brute et vieux fer, 1 fr. 50 c. les 100 kil. et au 1er octobre 1864, 1 fr.
Fer battu, étiré ou laminé, 4 fr. et 3 fr.
Fer-blanc non ouvré, 9 fr. et 6 c.
Acier non ouvré, 1 fr.
Cuivre pur ou allié de zinc ou d'étain, brut, libre.
Cuivre pur ou allié de zinc ou d'étain, battu, étiré ou laminé, doré ou argenté, filé sur fil ou sur soie, 10 fr.
Zinc brut, libre.
— laminé ou étiré, 3 fr.
Plomb brut, libre.
— laminé ou étiré, 3 fr.
Etain brut, libre.
— laminé, comprenant l'étain de glace, 6 fr.
Bismuth pur, libre.

Antimoine brut, libre.
Nickel brut, libre.
— battu, étiré ou laminé, 10 fr.
Minerais de toute sorte, libres.

OUVRAGES EN MÉTAUX

Fonte ouvrée, 6 fr. et au 1er octobre 1864, 4 fr.
Fer ouvré, 9 fr. et 6 fr.
Clous en fer, 6 fr.
Fer-blanc ouvré, 10 0/0 de la valeur.
Acier ouvré (ouvrages d'acier, y compris les outils d'acier), 9 fr. et au 1er octobre 1864, 6 fr. les 100 kil.
Coutellerie de toute espèce, 10 0/0 de la valeur.
Instruments de chirurgie, de précision, de physique et de chimie (pour laboratoire), libre.
Armes blanches et à feu de toute espèce, y compris les pièces détachées, libres. (Les objets d'équipement payeront le droit afférent à la matière dont ils sont fabriqués.)
Ouvrages en cuivre, étain, plomb, zinc et nickel purs ou mélangés, y compris la chaudronnerie, 10 0/0 de la valeur.
Toiles métalliques en fer ou en acier, 9 fr. les 100 kil. et au 1er octobre 1864, 6 fr.

Toiles en fil de cuivre ou de laiton.

Pour machines et mécaniques, 14 fr. les 100 kil. et au 1er octobre 1864, 12 fr.
Autres, 10 0/0 de la valeur.
Caractères d'imprimerie neufs, clichés et planches gravées pour impression sur papier, 10 fr. les 100 kil. et au 1er octobre 1864, 8 fr.
Orfèvrerie et bijouterie en or, argent, platine ou aluminium, 5 0/0 de la valeur.
Montres et mouvements d'horlogerie, 5 0/0.
Fournitures d'horlogerie, 5 0/0.

Machines et pièces détachées de machines.

En fonte, 6 fr., et en 1864, 4 fr. les 100 kil.
En fer ou en acier, 9 fr. et 6 fr.
En cuivre ou en toute autre matière, 14 fr. et 12 fr.
En bois, 10 0/0 de la valeur.
Or et argent battus en feuilles, 5 0/0.

SUCRES

Brut de betterave (droit de consommation compris), 46 fr. 25 c. les 100 kil.
Raffinés : mélis, lumps et candis (*idem*), 60 fr.

LINS, ETC.

Filaments végétaux bruts, peignés, non spécialement tarifés, libres.

Fils de lin, de chanvre et de jute.

Mesurant au kilogramme 20,000 mètres ou moins, non tors et non teints, 15 fr., et en 1864, 10 fr. les 100 kil.
— — torts ou teints, 22 fr. et 15 fr.
— — plus de 20,000 mètres, non tors et non teints, 30 fr. et 29 fr.
— — torts ou teints, 45 fr. et 30 fr.
Tissus de lin, de chanvre et de jute de toute espèce, 15 0/0 de la valeur.
Bonneterie, passementerie et rubanerie, 15 0/0.
Tulles de lin, 15 0/0.
Batistes et linons, 10 0/0.
Dentelles de lin, 5 0/0.
Vêtements et autres articles en lin, confectionnés en tout ou en partie, 10 0/0.
Articles non dénommés, 15 0/0.

Tissus mélangés, quand le lin ou le chanvre domine en poids, 15 0/0.

Les fils de tous autres végétaux filamenteux purs ou mélangés suivront le même régime que les fils de lin et de chanvre.

Tissus en végétaux non dénommés, 10 0/0.

Crin brut, frisé ou autrement préparé, brut, libre.

Tissus et ouvrages de crin ou de poil de vache purs ou mélangés, 10 0/0.

Coton.

Coton brut, y compris les ouates, libre.

Fils de coton écru ou blanchi, mesurant au 1/2 kil.

20,000 mètres ou moins, 15 fr. les 100 kil.

20,000 mètres à 30,000, 20 fr.

30,000 mètres à 40,000, 30 fr.

Plus de 40,000 mètres, 40 fr.

Fils de coton teints ou ourdis, le droit sur le fil écru ou blanchi, augmenté de 10 fr. par 100 kil.

Tissus de coton écrus, unis, croisés, coutils.

1re Classe, pesant 11 kil. et plus les 100 mètres carrés, de 35 fils et moins aux 5 millimètres carrés, 50 fr. les 100 kil.

— — de 36 fils et plus, 80 fr.

2e Classe, pesant de 7 à 11 kil. exclusivement les 100 mètres carrés, de 35 fils et moins, 60 fr.

— — de 36 à 43 fils, 100 fr.

— — de 44 fils et plus, 200 fr.

3e Classe, pesant de 3 à 7 kil. exclusivement les 100 mètres carrés, de 27 fils et moins, 80 fr.

— — de 28 à 35 fils, 120 fr.

— — de 36 à 43 fils, 190 fr.

— — de 44 fils et plus, 300 fr.

Tissus de coton, blanchis, 15 p. 0/0 en sus du droit sur l'écru.

Tissus de coton teints, 25 fr. par 100 kil. en sus du droit sur l'écru.
— imprimés, 15 0/0 de la valeur.

Velours de coton.

Façon soie *dits* velvets, écrus, 85 fr. les 100 kil.
— — teints ou imprimés, 110 fr,
Autres (cords, moleskins, etc.), écrus, 60 fr.
— — teints ou imprimés, 85 fr.
Tissus de coton écru, unis ou croisés, pesant moins de 3 kil. par 100 mètres carrés, 15 0/0 de la valeur.
Piqués, basins, façonnés, damassés et brillantés, 15 0/0.
Couvertures de coton, 15 0/0.
Tulles unis ou brodés, 15 0/0.
Gazes et mousselines brodées ou brochées pour ameublement ou tentures, 15 0/0.
Vêtements et autres articles confectionnés en tout ou en partie, 15 0/0.
Articles non dénommés, 15 0/0.
Bonneterie, 15 0/0.
Passementerie, 15 0/0.
Rubanerie, 15 0/0.
Broderie à la main, 10 0/0.
Dentelles et blondes de coton, 5 0/0.

Les fils de coton mélangé payeront les mêmes droits que les fils de coton pur, pourvu que le coton domine en poids dans le mélange.

Tissus de coton mélangé quand le coton domine en poids, 15 0/0 de la valeur.

Le Gouvernement belge se réserve la faculté de substituer en tout ou en partie aux taxes spécifiques sur les tissus et velours de coton, un droit de 15 0/0 de la valeur.

LAINES.

En masse, libre.
— teinte en masse et peignée ou teinte, 10 fr. les 100 kil.

Les poils de chèvre, d'alpaga, de lama, de vigogne et chameau sont assimilés à la laine.

Fils, non tors et non teints, 25 fr., et en 1864, 20 fr.

— torts ou teints, 35 fr., et en 1864, 30 fr.

Tissus de laine, 15 0/0, et en 1864, 10 0/0 de la valeur.

Feutre de toute sorte, 15 0/0, et en 1864, 10 0/0.

Couvertures de laine, 15 0/0, et en 1864, 10 0/0.

Tapis de toute espèce, 15 0/0.

Bonneterie de laine, 15 0/0, et en 1864, 10 0/0.

Passementerie de laine, 15 0/0, et en 1864, 10 0/0.

Rubanerie de laine, 15 0/0, et en 1864, 10 0/0.

Dentelles de laine, 15 0/0, et en 1864, 10 0/0.

Chaussons de lisière, 10 0/0.

Châles et écharpes de cachemire des Indes, 5 0/0.

Articles non dénommés, 15 0/0, et en 1864, 10 0/0.

Lisières de drap de toute espèce, entières ou coupées, libres.

Vêtements confectionnés neufs et vieux, 10 0/0 de la valeur.

Les fils et tissus de laine et de ses similaires mélangés de coton et d'autres filaments quelconques, payeront les mêmes droits que les fils et tissus de laine pure, pourvu que la laine et ses similaires dominent en poids dans le mélange.

SOIES.

En cocons, gréges, moulinées et filées, libres.

Tissus de toute espèce, 300 fr. les 100 kil.

Passementerie, bonneterie et rubanerie, 300 fr.

Tulles et dentelles, 5 0/0 de la valeur.

PRODUITS CHIMIQUES.

Acides nitrique et sulfurique, libres.

— acétique, 6 fr. les 100 kil.

— hydrochlorique, 2 fr., et en 1864, 66 c.

Chlorure de chaux, 4 fr., et en 1864, 2 fr.

Sels ammoniacaux, 8 fr., et en 1864, 2 fr.
Bleu de prusse, libre.
Carmins de toute sorte et kermès en poudre, libres.
Cendres bleues et vertes, libres.
Laques en teinture ou en trochisques, libres.
Vert de montagne, libre.
Maurelle et stil de grains, libres.
Essence de houille servant comme couleur, libres.
— autres, 2 fr. les 100 kil.
Sels de potasse, libres.
Sels de soude carbonates, 3 fr. les 100 kil.
— sulfates et sulfites, 1 fr. 50 c.
— autres, le sel marin excepté, libres.
Produits chimiques non dénommés, 2 fr. les 100 kil.
Teintures et couleurs préparées à l'huile, 6 fr.
— — autres, libres.

Les sels de soude mélangés de plus de 15 0/0 de sel marin acquitteront le droit sur le sel raffiné.

VERRERIE ET CRISTALLERIE.

Glaces brutes, étamées ou polies, 10 0/0 de la valeur.
Bouteilles de toute forme et autres objets en verre à bouteille, 2 fr. les 100 kil.
Verres à vitre, 10 0/0 de la valeur.
— de couleur, 10 0/0.
— polis et gravés, 10 0/0.
— de montre ou d'optique, 10 0/0.
Objets en verre ou en cristal, unis ou moulés, non coloriés et non taillés, 12 fr. les 100 kil.
Objets en verre ou en cristal, taillés, gravés ou coloriés, 10 0/0 de la valeur.
Émaux, 10 0/0.
Objets en verre non dénommés, 10 0/0.
Groisil et verre cassé, libres.

Le droit sur les bouteilles et autres objets en verre à

bouteille sera réduit à 1 franc en cas de suppression de la taxe supplémentaire prévue à l'article 4 du traité.

POTERIES.

Terre cuite, carreaux, briques et tuiles, libres.
— tuyaux de drainage et autres, libres.
Poterie commune de terre ou de grès, vernissée ou non, de toute sorte, y compris les pipes de terre, 1 fr. 50 c. les 100 kil.
Cornues à gaz, creusets de toute sorte, y compris les creusets en graphite et en plombagine, 1 fr. 50 c.
Faïences, cailloutage, grès fin, 20 0/0 de la valeur, et en 1864, 15 0/0.
Porcelaines de toute sorte, blanches ou décorées, parian et biscuit blanc, 15 0/0 et 10 0/0.

ARTICLES DIVERS.

Carrosserie, 10 0/0 de la valeur.
Tabletterie (ouvrages en ivoire), 10 0/0.
Peaux brutes, libres.
— de chèvre et de mouton, tannées en croûtes, 5 fr. les 100 kil.
— tannées et corroyées, 15 fr.
— autrement préparées, 30 fr.
Ouvrages en peau et en cuir de toute espèce, 10 0/0 de la valeur.
Meubles et ouvrages en bois de toute espèce et futailles, 10 0/0.
Bâtiments de mer de toute espèce et bateaux de rivière, 6 fr. le tonneau de jauge de 1 1/2 mètre cube.
Articles d'emballage ayant déjà servi, libres.
Fleurs artificielles, 10 0/0.
Objets de mode et chapeaux, 10 0/0.
Tresse de paille de toute sorte, 5 0/0.
Mercerie de toute sorte, 10 0/0

Boutons fins ou communs autres que de passementerie, 10 0/0.

Brosserie de toute espèce, 10 0/0.

Instruments de musique et pièces détachées d'instruments, 6 0/0.

Épingles de toute sorte, 10 0/0.

Caoutchouc et gutta-percha.

Bruts en feuilles ou filés, libres.

Ouvrés, purs ou mélangés, 10 0/0 de la valeur.

Toiles cirées de toute sorte, 10 0/0.

Cire à cacheter, 10 0/0.

Cirage de toute sorte, libre.

Encre à écrire ou à dessiner, 10 0/0 de la valeur.

— à imprimer, libre.

Cordes et câbles

De 5 centimètres de diamètre et plus, 6 fr. les 100 kil.

De moins de 5 centimètres de diamètre, 15 fr.

Filets de toute espèce, 10 0/0 de la valeur.

Epices préparées (sauces) et moutardes, 15 0/0.

Bières et autres boissons fermentées, droit de consommation compris.

En cercles, 6 fr. l'hectolitre.

En bouteilles, 7 fr.

Mélasses et sirops importés pour la distillation, libres.

Eaux-de-vie de toute espèce (droit de consommation compris).

A 50 degrés au moins, 45 fr., et en 1864, 42 fr. 50 c. l'hectolitre.

Pour chaque degré au-dessus de 50, 90 c. l'hectol. et en 1864, 85 c.

Eaux-de-vie en bouteilles, et liqueurs sans distinction de degré (droit de consommation compris), 85 fr.
Autres liquides alcooliques (droit de consommation compris), 60 fr.
Poils non spécialement tarifés bruts ou filés, libres.
Plumes à écrire brutes, libres.
— apprêtées, 10 0/0 de la valeur.
Plumes à lit de toute sorte, duvet et autres, libres.
Cheveux ouvrés, 10 0/0 de la valeur.
Cire brute, jaune ou blanche, libre.
— ouvrée, 10 0/0 de la valeur.
Lait, libre.
Fromages de toute espèce, 10 fr. les 100 kil.
Beurre, 5 fr.
Miel, 12 fr.
Homards, 10 fr. (1).
Huîtres, 10 fr. (1).
Autres coquillages de toute espèce, libres.
Harengs de toute espèce, plies séchées et stockfish, 1 fr. 50 c. les 100 kil
Autres poissons de toute espèce, frais, secs, salés ou fumés, à l'exclusion de la morue, 6 fr.
Graisse de poisson et blanc de baleine ou de cachalot 2 fr. les 100 kil.
Huiles de fabrique, 2 fr.
— de graines et huiles alimentaires, 6 fr.
Fanons de baleine bruts, libres.
Peaux de chiens de mer et de phoque, brutes, fraîches ou sèches, libres.
Matières animales brutes, savoir ; oreillons, os et sabots de bétail et cornes de bétail brutes, libres.
Corail brut ou taillé et non taillé, libres.
Drogueries, 2 fr. les 100 kil.

Sont compris dans cette classe les articles suivants, sa-

(1) Ce droit sera applicable aux homards et aux huîtres qui sont en destination des parcs ou huîtrières, comme à ceux qui sont livrés directement à la consommation.

voir : Cantharides, civettes, musc, castoréum, ambre gris, fruits à distiller, storax, styrax, sarcocolle, kino et autres sucs végétaux desséchés, racines médicinales de toute espèce, herbes, fleurs, feuilles et écorces médicinales, agaric (amadou), kermès minéral, extrait de quinquina, camphre brut ou raffiné, preiss, éponges de toute sorte et colle de poisson.
Résines de toute sorte, même distillées, libres.
Jus de réglisse, 12 fr. les 100 kil.
Liége brut et râpé de toute sorte, libre.
— ouvré, 10 p. 0/0 de la valeur.
Bois de chêne et de noyer, 1 fr. le mètre cube.
Bois de teinture, même moulus, libres.
Joncs et roseaux bruts, libres.
Ecorces à tan de toute sorte, même moulues, libres.
Balais communs, libres.
Pommes de terre, libres.
Betteraves, libres.
Houblon, 1 fr. 50 c. les 100 kil.
Graines oléagineuses, 2 fr.
— à ensemencer, libres.
Légumes salés ou confits au vinaigre, 20 p. 0/0 de la valeur.
Racines de chicorée, vertes ou sèches, libres.
Plantes alcalines, libres.
Pierres de toutes sortes, y compris les marbres et l'albâtre, brutes, taillées ou sciées, libres.
— polies ou sculptées, 10 p. 0/0 de la valeur.
— ardoises pour toiture, 4 fr. les 1,000 en nombre.
— meules et pierres à aiguiser de toute sorte, libres.
Pierres gemmes de toute sorte, libres.
Chaux et plâtre, libres.
Graphite et plombagine, libres.
Bitumes de toute sorte, libres.
Crayons simples et composés, 10 0/0 de la valeur.
Parfumerie de toute espèce, 10 0/0.
Amidon, 1 fr. 50 c. les 100 kil.
Chicorée brûlée ou moulue, 2 fr. les 100 kil.

Bougies de toute sorte et chandelles, 10 0/0 de la valeur.
Savons de toute espèce, 10 fr. les 100 kil.

(Le droit de 10 fr. sera réduit à 6 francs en cas de suppression de la taxe supplémentaire prévue à l'article 4 du traité.)

Extraits de viande, 20 fr. les 100 kil.
Chocolat et cacao simplement broyé, 35 fr.
Eaux minérales (cruchon compris), 2 fr.
Papiers de toute sorte, 10 fr. et en 1864, 8 fr. les 100 kil.
Cartons en feuilles de toutes sortes, 10 et 8 fr.
Cartons moulés, coupés et assemblés, 10 0/0 de la valeur.
Livres en langues française, mortes ou étrangères.
Cartes géographiques de portefeuille, libres.
Musique gravée, libre.
Étiquettes imprimées, gravées et coloriées, libres.
Dessins industriels de toute sorte sur papier, libres.
Objets de collection hors de commerce, libres.
Statues modernes en marbre ou en pierre, libres.
— en métal de grandeur naturelle au moins, 10 0/0 de la valeur.
Bimbeloterie, 10 0/0.
Vannerie, 10 0/0.
Parapluies et parasols, 10 0/0.
Cartes à jouer, 10 0/0.
Soufre brut, épuré ou sublimé, libre,
Poudre à tirer, 15 fr. les 100 kil.

Signé : E. Thouvenel,
E. Rouher,
Firmin Rogier,
Liedts.

TARIF C. (V. page 67.)

Annexé au Traité de commerce conclu le 1er mai 1861 entre la France et la Belgique.

(Article III.)

TARIF D.

Annexé au Traité de commerce conclu le 1er mai 1861 entre la France et la Belgique.

(Article 3.)

SORTIE DE BELGIQUE

Étoupes et mouchures de lin et de chanvre, libres.
Minerai de fer de toute sorte, libres.
Os de toute espèce et cornes de bétail, libres.
Chiffons de laine sans mélange, libres.
Autres chiffons et drilles de toute espèce, 12 fr. les 100 kil.
Pâte à papier, 12 fr.
Vieux cordages, goudronnés ou non, 4 fr.

Pour le minerai de fer actuellement prohibé, la libre exportation prendra cours à partir du 1er janvier 1862.

Signé E. Thouvenel.
E. Rouher.
Firmin Rogier.
Liedts.

Art. II.

Notre ministre secrétaire d'État au département des

affaires étrangères est chargé de l'exécution du présent décret.

Fait à Paris, le 27 mai 1861.

NAPOLÉON.

Vu et scellé du sceau de l'État,
Le Garde des sceaux, ministre de la justice,
DELANGLE.

Par l'Empereur,
Le Ministre des affaires étrangères,
THOUVENEL.

DÉCRET

Qui prescrit la promulgation de la convention conclue le 1er mai 1861, entre la France et la Belgique, pour la garantie réciproque de la propriété littéraire, artistique et industrielle.

(Inséré au Bulletin des Lois du 31 mai 1861, n° 933.)

NAPOLÉON, par la grâce de Dieu et la volonté nationale, EMPEREUR DES FRANÇAIS, à tous présents et à venir, SALUT.

Sur le rapport de notre ministre secrétaire d'État au département des affaires étrangères,

AVONS DÉCRÉTÉ ET DÉCRÉTONS ce qui suit :

ARTICLE PREMIER.

Une convention ayant été conclue le 1er mai 1861, entre la France et la Belgique, pour la garantie réciproque de la propriété des œuvres d'esprit et d'art, et des marques, modèles et dessins de fabrique ; et les ratifications de cet acte ayant été échangées à Paris, le 27 mai 1861, ladite convention, dont la teneur suit, recevra sa pleine et entière exécution.

CONVENTION.

S. M. l'Empereur des Français et S. M. le Roi des Belges, également animés du désir de protéger les sciences, les arts et les lettres, et d'encourager leur application à l'industrie, ont, à ces fins, résolu d'adopter, d'un commun accord, les mesures qui leur ont paru les plus propres à assurer réciproquement dans les deux pays, aux auteurs, aux industriels ou à leurs ayants cause, la propriété des œuvres de littérature ou d'art, et des marques, modèles ou dessins de fabrique, et ont, à cet effet, nommé pour leurs plénipotentiaires, savoir :

S. M. l'Empereur des Français.

M. Thouvenel, sénateur de l'Empire, grand'croix de son ordre impérial de la Légion d'honneur, chevalier de l'ordre de Léopold de Belgique, etc., etc., etc., son ministre et secrétaire d'État au département des affaires étrangères ;

Et M. Rouher, sénateur de l'Empire, grand'croix de son ordre impérial de la Légion d'honneur, etc., etc., etc., son ministre et secrétaire d'Etat au département de l'agriculture, du commerce et des travaux publics ;

Et S. M. le Roi des Belges,

M. Firmin Rogier, grand-officier de l'ordre de Léopold, décoré de la Croix de fer, grand-officier de l'ordre impérial de la Légion d'honneur, etc., etc., etc,, son envoyé extraordinaire et ministre plénipotentiaire près S. M. l'Empereur des Français ;

Et M. Charles Liedts, grand-officier de l'ordre de Léopold, décoré de la Croix de fer, grand-officier de l'ordre impérial de la Légion d'honneur, etc., etc., etc., son ministre d'État en mission extraordinaire près S. M. l'Empereur des Français.

Lesquels, après avoir échangé leurs pleins pouvoirs

trouvés en bonne et due forme, sont convenus des articles suivants :

1. Les auteurs de livres, brochures ou autres écrits, de compositions musicales, d'œuvres de dessin, de peinture, de sculpture, de gravure, de lithographie et de toutes autres productions analogues du domaine littéraire ou artistique, jouiront, dans chacun des deux Etats, réciproquement, des avantages qui y sont ou y seront attribués par la loi à la propriété des ouvrages de littérature ou d'art, et ils auront la même protection et le même recours légal contre toute atteinte portée à leurs droits, que si cette atteinte avait été commise à l'égard d'auteurs d'ouvrages publiés pour la première fois dans le pays même.

Toutefois, ces avantages ne leur sont réciproquement assurés que pendant l'existence de leurs droits dans le pays où la publication originale a été faite, et la durée de leur jouissance dans l'autre pays ne pourra excéder celle fixée par la loi pour les auteurs nationaux,

La propriété des œuvres musicales s'étend aux morceaux dits *arrangements*, composés sur des motifs extraits de ces mêmes œuvres. Les contestations qui s'élèveraient sur l'application de cette clause demeureront réservées à l'appréciation des tribunaux respectifs.

Tout privilége ou avantage qui serait accordé ultérieurement par l'un des deux pays à un autre pays, en matière de propriété d'œuvres de littérature ou d'art, dont la définition a été donnée dans le présent article, sera acquis de plein droit aux citoyens de l'autre pays.

2. La publication en Belgique de chrestomathies composées de fragments ou d'extraits d'auteurs français est autorisée, pourvu que ces recueils soient spécialement destinés à l'enseignement, et qu'ils contiennent des notes explicatives ou des traductions en langue flamande.

3. La jouissance du bénéfice de l'article 1er est subordonnée à l'accomplissement, dans le pays d'origine, des formalités qui sont prescrites par la loi pour assurer la propriété des ouvrages de littérature ou d'art.

Pour les livres, cartes, estampes ou œuvres musicales publiés pour la première fois dans l'un des deux Etats, l'exercice du droit de propriété dans l'autre Etat sera, en outre, subordonné à l'accomplissement préalable, dans ce dernier, de la formalité du dépôt et de l'enregistrement, effectuée de la manière suivante :

Si l'ouvrage a paru pour la première fois en Belgique, un exemplaire devra en être déposé gratuitement et enregistré, soit à Paris, à la direction de l'imprimerie, de la librairie et de la presse, au ministère de l'intérieur, soit à Bruxelles, à la chancellerie de la légation de France en Belgique.

Si l'ouvrage a paru pour la première fois en France, un exemplaire devra en être déposé gratuitement et enregistré, soit à Bruxelles, au ministère de l'intérieur, soit à Paris, à la chancellerie de la légation de Belgique en France.

Dans tous les cas, le dépôt et l'enregistrement devront être accomplis dans les trois mois qui suivront la publication de l'ouvrage dans l'autre pays.

A l'égard des ouvrages qui paraissent par livraisons, le délai de trois mois ne commencera à courir qu'à dater de la publication de la dernière livraison, à moins que l'auteur n'ait indiqué, conformément à l'article 6, son intention de se réserver le droit de traduction, auquel cas chaque livraison sera considérée comme un ouvrage séparé.

La double formalité du dépôt et de l'enregistrement qui en sera fait sur des registres spéciaux tenus à cet effet, ne donnera, de part et d'autre, ouverture à la perception d'aucune taxe, si ce n'est au remboursement des frais résultant de l'expédition jusqu'à Bruxelles ou Paris, respectivement, des livres, cartes, estampes ou publications musicales qui seraient déposés ou à la chancellerie de la légation de France en Belgique ou à la chancellerie de la légation de Belgique en France.

Les intéressés pourront se faire délivrer un certificat

authentique du dépôt et de l'enregistrement, le coût de cet acte ne pourra dépasser 50 centimes.

Le certificat relatera la date précise à laquelle l'enregistrement et le dépôt auront eu lieu ; il fera foi dans toute l'étendue des territoires respectifs, et constatera le droit exclusif de propriété et de reproduction aussi longtemps que quelque autre personne n'aura pas fait admettre en justice un droit mieux établi.

4. Les stipulations de l'article 1er s'appliqueront également à la représentation ou exécution des œuvres dramatiques ou musicales publiées ou représentées pour la première fois dans l'un des deux pays, après le 12 mai 1854.

Les droits des auteurs dramatiques ou compositeurs sera perçu d'après les bases qui seront arrêtées entre les parties intéressées; à défaut d'un semblable accord, le taux exigible de ce droit ne pourra respectivement dépasser les chiffres suivants :

Pour les pièces en 4 ou 5 actes, 18 fr. à Paris et à Bruxelles;

14 fr. dans les villes de 80,000 âmes et au-dessus ;

9 fr. dans les villes de moins de 80,000 âmes.

En 3 actes, 14 fr., 10 fr., 8 fr.

En 2 actes, 10 fr., 8 fr., 6 fr.

En 1 acte, 6 fr., 5 fr., 4 fr.

5. Sont expressément assimilées aux ouvrages originaux, les traductions faites dans l'un des deux Etats d'ouvrages nationaux ou étrangers. Ces traductions jouiront, à ce titre, de la protection stipulée par l'article 1er, en ce qui concerne leur reproduction non autorisée dans l'autre Etat. Il est bien entendu, toutefois, que l'objet du présent article est simplement de protéger le traducteur, par rapport à la version qu'il a donnée de l'ouvrage original, et non pas de conférer le droit exclusif au premier traducteur d'un ouvrage quelconque, écrit en langue morte ou vivante, si ce n'est dans le cas et les limites prévus par l'article ci-après.

6. L'auteur de tout ouvrage publié dans l'un des deux pays jouira seul du droit de traduction pendant cinq années, à partir du jour de la première traduction de son

ouvrage autorisée par lui, sous les conditions suivantes :

1° L'ouvrage original sera enregistré et déposé en France ou en Belgique, dans un délai de trois mois à partir du jour de la première publication dans l'autre pays, conformément aux dispositions de l'article 3.

2° Il faudra que l'auteur ait indiqué, en tête de son ouvrage, l'intention de se réserver le droit de traduction ;

3° Ladite traduction autorisée devra paraître, au moins en partie, dans le délai d'un an et en totalité dans le délai de trois ans, à compter de la date du dépôt et de l'enregistrement de l'ouvrage original, effectués ainsi qu'il vient d'être prescrit.

4° La traduction devra être publiée dans l'un des deux pays, et être elle-même déposée et enregistrée conformément aux dispositions de l'article 3.

5. Pour les ouvrages publiés par livraisons, il suffira que la déclaration par laquelle l'auteur se réserve le droit de traduction soit faite dans la première livraison. Toutefois, en ce qui concerne le terme de cinq ans, assigné par cet article pour l'exercice du droit privilégié de traduction, chaque livraison sera considérée comme un ouvrage séparé. Chacune d'elles sera enregistrée et déposée dans l'un des deux pays, dans les trois mois à partir de sa première publication dans l'autre.

6. Relativement à la traduction des ouvrages dramatiques, l'auteur qui voudra se réserver le droit exclusif dont il s'agit au présent article, devra faire paraître sa traduction trois mois après le dépôt et l'enregistrement de l'ouvrage original.

Dans le cas où la législation de la Belgique sur le droit de traduction viendrait à être modifiée pendant la durée de la présente convention, les avantages nouveaux qui seraient consacrés en faveur des auteurs belges seraient de plein droit étendus aux auteurs français.

En même temps, les auteurs belges jouiraient en France des avantages plus grands qui pourraient résulter de la législation générale en faveur des nationaux.

Ces droits respectifs seront, d'ailleurs, soumis aux conditions prévues par le § 2 de l'article 1er.

7. Les mandataires légaux ou ayants cause des auteurs, traducteurs, compositeurs, dessinateurs, peintres, sculpteurs, graveurs, lithographes, photographes, etc., jouiront des mêmes droits que ceux que la présente convention accorde aux auteurs, traducteurs, compositeurs, dessinateurs, peintres, sculpteurs, graveurs, lithographes ou photographes eux-mêmes.

8. Nonobstant les stipulations des articles 1 et 5 de la présente convention, les articles extraits des journaux ou recueils périodiques publiés dans l'un des deux pays, pourront être reproduits ou traduits dans les journaux ou recueils périodiques de l'autre pays, pourvu qu'on y indique la source à laquelle on les aura puisés.

Toutefois, cette permission ne s'étendra pas à la reproduction, dans l'un des deux pays, des articles de journaux ou de recueils périodiques publiés dans l'autre, lorsque les auteurs auront formellement déclarés, dans le journal ou le recueil même où ils les auront fait paraître, qu'ils en interdisent la reproduction.

En aucun cas, cette interdiction ne pourra atteindre les articles de discussion politique.

9. L'introduction, l'exportation, la circulation, la vente et l'exposition, dans chacun des deux États, d'ouvrages ou objets de reproduction non autorisée, définis par les articles 1, 4, 5 et 6, sont prohibés, sauf ce qui est dit à l'article 13, soit que les reproductions non autorisées proviennent de l'un des deux pays, soit qu'elles proviennent d'un pays étranger quelconque.

10. En cas de contravention aux dispositions des articles précédents, la saisie des objets de contrefaçon sera opérée, et les tribunaux appliqueront les pénalités déterminées par les législations respectives, de la même manière que si l'infraction avait été commise au préjudice d'un ouvrage ou d'une production d'origine nationale.

Les caractères constituant la contrefaçon seront déterminés par les tribunaux de l'un et de l'autre pays, d'après la législation en vigueur dans chacun des deux Etats.

11. Les livres d'importation licite et les autres productions mentionnées dans la présente Convention, venant de Belgique, continueront à être admis en France, tant à l'entrée qu'au transit direct ou par entrepôt, par tous les bureaux qui leur sont actuellement ouverts ou qui pourraient l'être par la suite

Si les intéressés le désirent, les livres déclarés à l'entrée seront expédiés directement en France, à la direction de l'imprimerie, de la librairie et de la presse, au ministère de l'intérieur, et en Belgique, à l'entrepôt de Bruxelles, pour y subir les vérifications nécessaires, qui auront lieu au plus tard dans le délai de quinze jours.

12. Les dispositions de la présente convention ne pourront porter préjudice, en quoi que ce soit, au droit qui appartiendrait à chacune des deux Hautes Parties contractantes de permettre, de surveiller ou d'interdire, par des mesures de législation ou de police intérieure, la circulation, la représentation ou l'exposition de tout ouvrage ou production à l'égard desquels l'autorité compétente aurait à exercer ce droit.

Chacune des deux Hautes Parties contractantes conserve, d'ailleurs, le droit de prohiber l'importation dans ses propres États des livres qui, d'après ses lois intérieures ou des stipulations souscrites avec d'autres puissances, sont ou seraient déclarés être des contrefaçons.

13. Sont maintenues les dispositions de la convention du 22 août 1852 et de la déclaration jointe à ladite convention, relatives à la possession et à la vente, par les éditeurs, imprimeurs ou libraires belges ou français, de réimpressions d'ouvrages de propriété française ou belge non tombés dans le domaine public, fabriqués, importés ou en cours de fabrication et de réimpression non autorisée, aux époques fixées par l'article additionnel du 27 février 1854.

14. Le Gouvernement français et le Gouvernement belge prendront les mesures nécessaires pour interdire l'entrée, sur leurs territoires respectifs, des ouvrages

que des éditeurs français ou belges auraient acquis le droit de réimprimer, avec la réserve que ces réimpressions ne seraient autorisées que pour la vente en France ou en Belgique et sur des marchés tiers.

Les ouvrages auxquels cette disposition est applicable devront porter sur leurs titre et couverture les mots : « Édition interdite en France (en Belgique), et autorisée « pour la Belgique (la France) et l'étranger. »

15. Les sujets de l'une des Hautes Parties contractantes jouiront dans les États de l'autre, de la même protection que les nationaux, pour tout ce qui concerne la propriété des marques de fabrique ou de commerce, ainsi que des dessins ou modèles industriels et de fabrique de toute espèce.

Le droit exclusif d'exploiter un dessin ou modèle industriel ou de fabrique ne peut avoir, au profit des Français en Belgique, et réciproquement au profit des Belges en France, une durée plus longue que celle fixée par la loi du pays à l'égard des nationaux.

Si le dessin ou modèle industriel ou de fabrique appartient au domaine public dans le pays d'origine, il ne peut être l'objet d'une jouissance exclusive dans l'autre pays.

Les dispositions des deux paragraphes qui précèdent sont applicables aux marques de fabrique ou de commerce.

Les droits des sujets de l'une des Hautes Parties contractantes dans les États de l'autre ne sont pas subordonnés à l'obligation d'y exploiter les modèles ou dessins industriels ou de fabrique.

Le présent article ne recevra son exécution dans l'un et l'autre pays, à l'égard des modèles ou dessins industriels ou de fabrique, qu'à l'expiration d'une année à partir de ce jour.

16. Les Français ne pourront revendiquer en Belgique la propriété exclusive d'une marque, d'un modèle ou d'un dessin, s'ils n'en ont déposé deux exemplaires au greffe du tribunal de commerce à Bruxelles.

Réciproquement, les Belges ne pourront revendiquer en France la propriété exclusive d'une marque, d'un modèle ou d'un dessin, s'ils n'en ont déposé deux exemplaires à Paris, au greffe du tribunal de commerce de la Seine.

17. La présente convention demeurera en vigueur pendant dix années, à partir du jour de l'échange des ratifications. Dans le cas où aucune des deux Hautes Parties contractantes n'aurait notifié, une année avant l'expiration de ce terme, son intention d'en faire cesser les effets, la convention continuera à être obligatoire encore une année, et ainsi de suite d'année en année, jusqu'à l'expiration d'une année, à partir du jour où l'une des parties l'aura dénoncée.

18. La présente convention sera ratifiée et les ratifications en seront échangées à Paris dans le délai de deux mois ou plutôt si faire se peut, simultanément avec celles du traité de commerce et du traité de navigation conclus sous la date de ce jour entre les deux Hautes Parties contractantes.

En foi de quoi les plénipotentiaires respectifs l'ont signée et y ont apposé le cachet de leurs armes.

Fait en double expédition à Paris, le premier jour du mois de mai de l'an de grâce 1861.

(L. S.) *signe* E. Thouvenel.
(L. S.) E. Rouher.
(L. S.) Firmin Rogier.
(L. S.) Liedts.

Art. II.

Notre ministre secrétaire d'État au département des affaires étrangères est chargé de l'exécution du présent décret.

Fait à Paris, le 27 mai 1861.

NAPOLÉON.

Vu et scellé du sceau de l'État :

Le Garde des sceaux, Ministre de la justice,

DELANGLE.

Par l'Empereur :

Le Ministre des affaires étrangères,

THOUVENEL.

DÉCRET

Qui prescrit la publication de la déclaration interprétative de l'article 2 de la Convention littéraire, artistique et industrielle, signée entre la France et la Belgique, le 27 *mai* 1861.

(Inséré au Bulletin des Lois du 31 mai 1861, n° 933.)

NAPOLÉON, par la grâce de Dieu et la volonté nationale, EMPEREUR DES FRANÇAIS, à tous présents et à venir, SALUT.

Sur le rapport de notre ministre secrétaire d'État au département des affaires étrangères,

AVONS DÉCRÉTÉ et DÉCRÉTONS ce qui suit :

ARTICLE PREMIER.

Une déclaration interprétative de l'article 2 de la Convention littéraire, artistique et industrielle, conclue, le 1er mai 1861, entre la France et la Belgique, ayant été signée le 27 mai 1861 par notre ministre secrétaire d'État au département des affaires étrangères et le chargé d'affaires de Belgique à Paris, ladite déclaration, dont la teneur suit, est approuvée et recevra sa pleine et entière exécution.

DÉCLARATION.

Au moment de procéder à l'échange des ratifications de la Convention pour la garantie réciproque de la propriété littéraire, etc., conclue entre la France et la Belgique, le premier du présent mois de mai, les soussignés sont convenus de fixer ainsi qu'il suit l'interprétation de l'article 2 de ladite Convention.

« Les éditeurs belges restent en possession des avantages dont ils jouissent déjà, en vertu de la Convention du 22 août 1852, pour la publication des chrestomathies françaises. Il est donc entendu qu'ils demeurent libres de composer de semblables recueils avec des extraits d'ouvrages français tombés ou non dans le domaine public, sans qu'ils soient tenus de les accompagner de notes ou traductions de toute sorte. »

Fait à Paris, le vingt-septième jour du mois de mai de l'an de grâce mil huit cent soixante et un.

(L. S.) *Signé* THOUVENEL.
(L. S.) *Signé* Baron BEYENS.

ART. II.

Notre ministre secrétaire d'État au département des affaires étrangères est chargé de l'exécution du présent décret.

Fait à Paris, le 27 mai 1861.

NAPOLÉON.

Par l'Empereur :

Le Ministre des affaires étrangères,

THOUVENEL.

Vu et scellé du sceau de l'État :

Le Garde des sceaux, Ministre de la justice,

DELANGLE.

TABLE

TRAITÉ DE COMMERCE AVEC L'ANGLETERRE

TRAITÉ DE COMMERCE AVEC LA BELGIQUE

FIN DE LA TABLE.

EN VENTE A LA MÊME LIBRAIRIE.

Almanach de la Cour, de la Ville et des Départements. Cet ouvrage paraît tous les ans, depuis 1806, en un joli vol. in-32 jésus, format de poche, orné de figures. Prix, broché . . . 2
Cartonné, doré sur tranches . . . 3

Les Anglais, Londres et l'Angleterre, par L.-J. Larcher, avec une préface de M. Émile de Girardin. 1 vol. grand in-18 jésus . . . 3

L'Angleterre et la vie anglaise. — Le Sel dans le Royaume-Uni. — Les petits Métiers de Londres. — Les Écoles militaires. — L'Arsenal de Wolwich. — L'Armée britannique. — Les Volontaires, par Alphonse Esquiros. 1 vol. gr. in-18 jésus . . . 3 50

La Bourse, ses Opérateurs et ses Opérations, appréciés au point de vue de la loi, de la jurisprudence et de l'économie politique, par J. Bozérian, avocat. 2 vol. in-8 . . . 12

Le Compteur métrique, nouveau livre des comptes-faits, système métrique décimal, comprenant tous les calculs faits pour l'achat et la vente des marchandises au poids, au mètre et au litre; l'escompte ou l'intérêt à tous les taux; les comptes-faits pour la paye des journées des ouvriers, par MM. Trort et Petit. 1 vol. gr. in-18 jésus . . . 2

Des Délits et des Peines en matière de fraudes commerciales, denrées alimentaires et boissons. Guide du vendeur et de l'acheteur, par V. Emion, avocat. 1 vol. in-18 . . . 1 50

Études financières et d'Économie sociale, par M. Pierre Clément, membre de l'Institut. 1 très-beau vol. in-8 . . . 7 [illegible]

Guide pratique du Fermier et de la Fermière, ou la Routine vaincue par le Progrès. Histoire agricole et morale, par Mme Millet-Robinet. 1 vol. gr. in-18 jésus . . . 3 50

Histoire anecdotique de l'Industrie française, par Eug. d'Auriac. 1 vol. in-18 . . . 3

Histoire d'une Bouchée de pain, lettres sur la vie de l'homme et des animaux, par Jean Macé. 1 vol. gr. in-18 jésus . . . 3

Manuel du Capitaliste, ou Tableau en forme de comptes-faits pour le calcul des intérêts de l'argent à tous les taux, pour toutes les sommes, pour toutes les époques, etc., par Bonnet. 16e édition, augmentée du Tableau de comparaison des monnaies étrangères avec les monnaies françaises, etc., par Séb. Bottin. 1 vol. in-18, broché . . . 5
Relié . . . 6

Les Secrets de l'Industrie et de l'Économie domestique mis à la portée de tous. Choix de recettes et de procédés utiles, moyens simples de reconnaître les falsifications, par MM. A. Chevallier fils, E. Grimaud fils et A. Chevallier. 1 vol. in-8 . . . 5

Paris, imp. de L. Tinterlin, rue N.-D.-des-Bons-Enfants, 3.

www.ingramcontent.com/pod-product-compliance
Ingram Content Group UK Ltd.
Pitfield, Milton Keynes, MK11 3LW, UK
UKHW012227240726
13966UKWH00003B/989